Generis
PUBLISHING

LA PROTECTION DES CONSOMMATEURS PAR L'OFFICE CONGOLAIS DE CONTROLE « OCC »

KABEYA MUKENDI Eric

Title: **LA PROTECTION DES CONSOMMATEURS PAR L'OFFICE CONGOLAIS DE CONTROLE « OCC »**

ISBN: 979-8-89966-071-9

Author: KABEYA MUKENDI Eric

Cover image: https://pixabay.com/

Publisher: Generis Publishing
Online orders: www.generis-publishing.com
Contact email: info@generis-publishing.com

Table des matières

INTRODUCTION

La Constitution de la RDC, à son article 35 alinéas 1,2 et 3, dispose « l'Etat garantit le droit à l'initiative privée tant aux nationaux qu'aux étrangers. Il encourage l'exercice du petit commerce, de l'art et de l'artisanat par les Congolais et veille à la protection et à la promotion de l'expertise et des compétences nationales »[1].

Fille du principe de la liberté du commerce et de l'industrie, la libre concurrence gouverne la vie des affaires. Cette théorie signifie que chaque opérateur économique est libre d'attirer et de conserver la clientèle, le dommage en résultant pour un concurrent malheureux étant licite. A ce propos, ULMER et les autres ont insisté sur l'aspect collectif du droit de la concurrence. Pour eux, la loi sur la concurrence déloyale ne doit pas seulement garantir les consommateurs contre la concurrence déloyale, mais la collectivité toute entière contre les excès concurrentiel[2].

Dans la pratique, les professionnels abusent un peu trop de leur autorité et s'obstinent de manquer à leur devoir qui est celui d'informer les consommateurs, afin de les prémunir contre toute forme d'insécurité, surtout celle qui préjudicierait leur santé. Ainsi, développer un sujet sur la protection du consommateur des denrées alimentaires en RDC, nécessite non seulement du courage mais aussi une maitrise sans précèdent de ce domaine, en vue d'éclairer l'opinion publique sur les avantages relatifs à une bonne protection du consommateur.

Cela étant, le contour des mots d'une part « protection » et de l'autre « consommateur », nous parait très complexe et mérite une certaine attention assez particulière. En effet, d'une manière générale, un consommateur est toute personne qui consomme un bien ou un service en vue de satisfaire soit partiellement soit totalement ses besoins. A cet effet, il existe deux catégories de consommateurs, à savoir: le consommateur intermédiaire et le consommateur final.

---

[1] Article 35, de la constitution du 18 février 2006 de la RDC, telle que modifiée par la loi n° 11/002 du 20 janvier 2011 portant révision de certains articles, in J.O, n° spécial 52.

[2] J. MESTRE, *Droit commercial,* 20ème éd., Paris, LGDJ, 1991, p.104

Le consommateur intermédiaire est un acquéreur ou utilisateur de biens ou services à des fins professionnelles, notamment pour une transformation ou une distribution. Le consommateur final est celui qui acquiert ou utilise un bien ou service dans un but privé ou familial et qui traite avec des opérateurs économiques dans une atmosphère de déséquilibre.

Ainsi, le consommateur, tel que protégé par le droit de la consommation, est la personne qui se voit proposer ou accepte un bien ou un service à des fins non professionnelles. Le droit européen de la consommation exclut les personnes morales de son champ d'application. Mais certaines dispositions nationales étendent la protection du consommateur à ces personnes morales, lorsqu'elles agissent sans rapport direct avec leur activité professionnelle. C'est le cas des textes du code de la consommation français sur le démarchage à domicile et de celui sur les clauses.

A ce propos, il faut noter que la protection du consommateur passe par plusieurs instruments à la fois juridiques et règlementaires, nationaux ou internationaux. Ces instruments peuvent soit porter sur la fixation du prix, soit sur la qualité des produits à mettre dans la circulation. Lorsqu'on parle de la protection juridique du consommateur, on vise l'ensemble de dispositions mises en place par le législateur en vue de cautionner la protection des droits des consommateurs et de régir les rapports que les consommateurs entretiennent avec leurs partenaires économiques.

En ce qui nous concerne, notre étude cherchera à analyser la manière dont l'OCC procède pour la protection des consommateurs, dans un contexte où la commercialisation des denrées alimentaires avariées est toujours présente dans les différents coins et recoins du pays. Il s'agira donc d'une démarche qui va porter minutieusement sur la conformité de ces produits aux règles y relatives en vigueur. Il faut noter que l'idée d'assurer aux consommateurs une protection renforcée peut valablement s'expliquer autour de trois facteurs essentiels justifiant ainsi le fondement de sa protection :

- l'accroissement de la complexité des produits et des services ainsi que la multiplication des produits et des services qui rendent ainsi plus difficile le choix du consommateur ;
- le développement des méthodes de promotion et de vente (marketing) mises en œuvre par les professionnels lesquelles rendent vulnérables les consommateurs poussées par ces derniers à contracter ;
- le facteur tient au renforcement de la puissance économique des professionnels avec notamment l'implantation des sociétés multinationales et aussi avec l'apparition de la grande distribution, qui permettaient de mobiliser les moyens d'actions commerciales assez favorables, face aux consommateurs isolés.

Cependant, il est à déplorer que la protection des consommateurs en droit positif congolais souffre de l'absence d'un cadre normatif. Cependant, il existe des dispositions éparpillées dans les différents instruments juridiques et règlementaires, certaines dispositions tendant à assurer une protection des consommateurs contre tout abus des commerçants.

Il s'agit par exemple de la législation alimentaire (décret du 26 juillet 1910 relatif à la fabrication et au commerce des denrées alimentaires, auquel s'ajoutent des mesures d'exécution de ce décret). A la lecture des articles 1 et 2 de ce texte, il ressort ce qui suit : « ceux qui auront falsifié ou fait falsifier des comestibles, boissons ou substances quelconques propres à l'alimentation et destinés à être vendus ou débités " ainsi que " ceux qui, sachant qu'ils étaient falsifiés, auront vendu, débité ou exposé en vente ces objets ou les auront détenus pour la vente ou le débit " ou encore " ceux qui auront vendu, débité ou exposé en vente des comestibles, boissons, denrées ou substances alimentaires quelconques gâtés ou corrompus ».

Ensuite, en analysant le décret relatif à la transformation de l'OCC[3] en un établissement public à caractère scientifique, il ressort que cette institution est

[3] Art. 4 du Décret n° 09/42 du 03 décembre 2014 relatif à la transformation de l'OCC en Etablissement public à caractère scientifique et technique, *in journal officiel*, n° Spécial-Kinshasa, 2014.

compétente pour procéder en tant que tierce partie à l'évaluation de conformité, en l'occurrence l'inspection, la certification, les essais ou analyses et à la metropologie en se référant aux standards nationaux, régionaux et internationaux.

A cet effet, il effectue notamment : le contrôle de tous les produits fabriqués localement ; le contrôle de qualité de toutes marchandises et produits à l'importation et à l'exportation au niveau du guichet unique ; les essais ou analyses des échantillons des produits importés ; le contrôle technique de tous appareils et travaux ; la vérification et l'étalonnage des instruments de mesure ; la certification de la qualité des produits autres que les matières précieuses, des systèmes et du personnel ; les contrôles techniques.

En outre, il assure la prévention et les constats des sinistres et d'avariés, gère et exploite les silos, magasins généraux et peut accomplir toutes opérations quelconques se rapportant directement ou indirectement à son objet social, sauf les opérations d'achats en vue de la revente. Ainsi, la mission de l'OCC dans le contrôle des denrées alimentaires est d'une grande importance car la vie des milliers des Congolais en dépend.

Ceci étant, l'OCC a le droit d'analyser la qualité des produits alimentaires, pharmaceutiques, cosmétiques, etc. importés à l'embarquement, au débarquement et lors de l'offre aux consommateurs. Grâce à cette analyse ou contrôle, l'OCC devrait assurer la conformité des produits et services concernés à la consommation et protéger, par conséquent, les consommateurs.

Cet office est plus ou moins dynamique, écrit le Professeur PINDI[4], et opérationnel mais ses actions semblent ne pas encore être à la hauteur de ses ambitions.

---

[4] PINDI, « L'information et l'assistance juridique au consommateur : constat et positions de lege ferenda » , in Revue de travail n° 5, 1990, p. 30.

En effet, son contrôle à l'importation n'est exercé qu'au débarquement, alors que le service dispose des mandataires et laboratoires techniques à l'étranger[5].

Outre ces deux instruments, il existe aussi l'ordonnance du 17 octobre 1911 sur l'emballage, préparation et la fabrication des denrées alimentaires. En vertu de cette ordonnance, il est interdit d'employer pour la préparation, la conservation, l'emballage des liquides et denrées alimentaires destinés à la vente, ou en vue du débit de ces produits, des vases, ustensiles, récipients, appareils ou objets divers dont le contact avec lesdits liquides ou denrées pourrait amener une composition, une solution de substances vénéneuses ou nuisibles à la santé.

De même, l'ordonnance du 22 octobre 1911 sur la fabrication et le commerce des alcools, eaux-de-vie et liqueurs, en son article 5 déclare nuisibles, eaux-de-vie ou liqueurs alcooliques renfermant certaines substances telles que le nitrobenzine, le salicylate de méthyle[6].

L'ordonnance n°79/A.E. du 2 octobre 1930 sur la fabrication des eaux minérales, interdit d'employer pour la fabrication des eaux minérales ou de table, des eaux ne réunissant pas les conditions de potabilité tant du point de vue physico-chimique que du point de vue bactériologique.

Enfin, l'ordonnance n°74/453 du 31 décembre 1952 relative à la protection et salubrité des denrées alimentaires, dispose que les personnes atteintes des maladies contagieuse ainsi que celles dont l'état de santé ou de malpropreté corporelle constituant un danger de contamination ne peuvent participer à la production, fabrication, préparation et manipulation en vue de la vente ou à la vente des substances servant à l'alimentation humaine.

[5] NKWEBE WASSIS, « La protection du consommateur contre les pratiques concurrentielles, abusives en droit : cas des falsifications des produits », mémoire de Licence en Droit, UNIKIN, 1987, p. 50

[6] Art 5 de l'ordonnance du 22 octobre 1911 sur la fabrication et le commerce des alcools.

PREMIERE PARTIE : LE CADRE JURIDIQUE DE LA PROTECTION DU CONSOMMATEUR

CHAPITRE I. LA PROTECTION DES CONSOMMATEURS EN DROIT POSITIF CONGOLAIS ET COMPARE

SECTION I. NOTIONS FONDAMENTALES DE LA PROTECTION DES CONSOMMATEURS

§1. Contexte mondial et congolais

La concurrence et la libéralisation des échanges ont globalement le même objectif : réduire ou supprimer les obstacles et les distorsions affectant les marchés. Le principe général qui doit, aux yeux de certains économistes, guider la définition des règles, est celui du maintien d'une concurrence sur des marchés contestables. Ce principe doit s'appliquer indistinctement aux entreprises comme aux Etats. Enfin de compte, on peut observer que la politique commerciale partagent un objectif complémentaire fondamental, l'élimination et la réduction des barrières aux marchés et les distorsions de ceux-ci.

Lorsque les objectifs communs sont poursuivis avec vigueur, la libéralisation des échanges et l'application de la politique de concurrence sont complémentaires et se renforcent mutuellement. Les Etats africains sont confrontés au défi de l'appropriation des règles juridiques qui vont vers le redressement de l'ordre juridique mondial, ce qui engendre le décalage entre les législations nationales et l'internationalisation des règles juridiques en présence.

Dans son étude sur « la protection des consommateurs » Yves Picod[7], nous enseigne que le consumérisme est le fruit d'une réaction contre les excès de la société de consommation et les abus de certains professionnels. Il repose sur l'idée que le consommateur est manipulé par la publicité et le marketing, générateurs de besoins

[7] Yves Picod, Protection des consommateurs, Dictionnaire de droit de la concurrence, Concurrences, Dalloz, Paris, 2022, p39

artificiels et d'illusions d'une fausse abondance : la liberté de la concurrence ne suffit pas à elle-seule à assurer sa protection. La protection passe par la prévention autant que par la sanction des comportements déloyaux ou abusifs des professionnels et surtout par les actions collectives (actions en cessation, en suppression de clauses abusives ou illicites, actions de groupe...), à travers l'action des associations de consommateurs. Les faibles intérêts en jeu n'incitent pas les consommateurs à l'exercice d'actions individuelles : les pouvoirs publics mettent aujourd'hui l'accent sur la médiation et les modes alternatifs de règlement des conflits.

Selon cet auteur une des difficultés récurrentes de la protection est de localiser les règles de protection des consommateurs, sachant que le Code de la consommation ne rassemble pas toutes les règles de ce droit : certaines se trouvent par exemple dans le Code civil (la responsabilité du fait des produits défectueux en est l'illustration), dans le Code monétaire et financier, dans le Code des transports, le Code du tourisme ou dans de nombreux textes non codifiés. Les sources européennes (traités, directives, règlements) sont en tout cas de de plus en plus prégnantes.

Si le droit de la concurrence se situe en amont du droit de la consommation, le droit de la consommation s'applique aux rapports entre professionnels et consommateurs et vise à protéger les consommateurs et, dans certains cas, des non-professionnels face aux professionnels. Le Code de la consommation réglemente le marché spécifique du B to C : il définit ses institutions, sa police et organise la régulation de ses pratiques essentielles, telles que les pratiques commerciales déloyales. Alors que l'objectif principal du droit de la consommation de protéger le consommateur, le droit de la concurrence, vise avant tout à éviter que certaines entreprises ne se trouvent en situation préférentielle par rapport à d'autres : la sanction des ententes, des abus de domination ou du para-commercialisme est destinée à sauvegarder un certain équilibre économique.

Au niveau Européen[8] par exemple, la protection du consommateur est progressivement devenue une priorité à travers la poursuite de quatre grands objectifs :

- Consolider la sécurité du consommateur vis-à-vis des biens, des services et de la chaîne alimentaire ;
- Aider les consommateurs à s'informer correctement sur ce qu'ils achètent, et sur les recours auxquels ils ont droit, ce qui nécessite d'associer les organisations de consommateurs au processus ;
- Améliorer l'effectivité des règles ;
- Adapter la législation aux changements, par exemple au développement du commerce en ligne ou du numérique[9].

§2. Définition

Le consommateur s'entend d'« une personne physique sans considération de nationalité, qui agit principalement à des fins personnelles, familiales ou ménagères, étant entendu que les états membres peuvent adopter des définitions différentes pour répondre à leurs besoins nationaux particuliers ». Au regard de cette définition, toute entreprise ou toute personne morale n'entre pas dans la définition du consommateur. Toutefois, les principes directeurs reconnaissent aux états membres, la possibilité d'adopter des définitions différentes qui correspondent aux réalités économiques locales.

Il faut faire observer qu'à ce jour, la République démocratique du Congo ne dispose pas d'un code de la consommation, moins encore d'une loi consacrée exclusivement à la protection des consommateurs. Et les lois éparses qui reprennent de manière isolée certains droits reconnus aux consommateurs, n'apportent pas non plus assez de précision sur le concept « consommateur ». Cette tâche semble être laissée à

[8] Les consommateurs sont en effet le moteur de la concurrence, essentiellement par leurs choix individuels, mais aussi par les moyens de défense de la liberté de concurrence dont disposent les associations de consommateurs : elles ont notamment la possibilité de saisir l'Autorité de la concurrence (C. com., art. L. 462-5).

[9] C. AUBERT DE VINCELLES, *Les contrats de consommation*, LGDJ, 2018, p.20

la doctrine. Par conséquent, certains chercheurs optent pour des définitions restrictives de la notion de consommateur, qui refusent de reconnaitre à la personne morale, la qualité de consommateur.

D'autres par contre, estiment qu'en l'absence d'une définition légale précise, une telle limitation ne saurait être appliquée en droit congolais. Le consommateur s'identifie à une personne physique, il n'est pas un être spécifique différent des autres individus. Il est chacun de nous pris dans la fonction de consommateur. En conséquence, la personne morale ne peut être considéré comme consommateur et bénéficier ainsi de la même protection que ce dernier. Finalement, on peut dire que tout particulier ou encore tout citoyen peut être consommateur[10].

SECTION II. DROITS FONDAMENTAUX DES CONSOMMATEURS

§1. Le contenu des droits fondamentaux

La relation qu'entretiennent la protection des consommateurs et le respect des droits fondamentaux conduit à s'interroger sur la « fondamentalisation » de la protection des consommateurs. Ce phénomène sera appréhendé au sens de l'intégration des droits fondamentaux dans la politique de protection des consommateurs et non pas au sens de la transformation de la protection des consommateurs en droit fondamental stricto sensu. Aujourd'hui, les droits fondamentaux font partie intégrante de cette politique. Ils constituent de véritables vecteurs de promotion des intérêts des consommateurs. En tant que socle minimal, les droits fondamentaux contribuent à un niveau élevé de protection des consommateurs dans tous les pans du droit. En ce sens, on formule l'hypothèse selon laquelle un modèle de protection européenne spécifique, commune et effective des consommateurs est en cours d'élaboration à travers le processus de « fondamentalisation »[11].

[10] D. KIJAJA KIJAJA, *Les droits du consommateur en droit positif congolais. Contribution à la protection du consommateur en RD. Congo*, Génération OHADA, Lubumbashi, 2021, p.19

[11] https://revuedlf.com/theses/la-protection-des-consommateurs-et-les-droits-fondamentaux-dans-lunion-europeenne/

L'identification des droits fondamentaux des consommateurs est complétée par la possibilité pour leurs bénéficiaires de les invoquer dans un litige. Dans la mesure où le principal interlocuteur du consommateur est le professionnel, qui souvent s'avère être une personne privée, l'effet direct complet des normes (celles qui peuvent être invoquées à l'encontre des personnes publiques comme des personnes privées) a un intérêt particulier. Cependant, beaucoup de dispositions, telles que les directives, par exemple, qui prévoient des droits fondamentaux des consommateurs, ne s'adressent qu'aux personnes publiques[12].

En cas d'effet direct partiel des normes de protection des droits fondamentaux des consommateurs ou en cas d'absence de toute applicabilité directe, la Cour de justice et les juridictions nationales peuvent prendre en considération ces droits de façon indirecte. Le fondement de l'applicabilité indirecte des droits fondamentaux est sans doute l'obligation de les protéger en mettant ainsi en avant leur fonction objective. Parmi les différentes solutions, révèlent leurs potentialités celles qui s'inspirent de systèmes juridiques extérieurs au droit de l'Union comme le droit de la Convention européenne des droits de l'homme.

Il s'agit de la théorie des obligations positives élaborée par la Cour européenne des droits de l'homme qui permettrait la reconnaissance d'un effet indirect horizontal des droits fondamentaux. L'obligation positive consisterait à imposer à l'État de défendre les droits fondamentaux des consommateurs en cas d'atteinte, même si elle vient d'un particulier. La plus-value d'un effet indirect horizontal modéré serait indéniable car adapté en fonction des circonstances, sans plaider pour une reconnaissance systématique des droits fondamentaux dans le cadre des relations horizontales.

En effet, les droits fondamentaux sont des vecteurs privilégiés d'une telle consommation puisque leur respect peut déterminer la façon dont les consommateurs

[12] Cette situation peut constituer une limite à la « fondamentalisation » de la protection des consommateurs. Or, une reconnaissance généralisée de l'effet direct horizontal des droits fondamentaux ne semble pas non plus une solution appropriée car tous ces droits ne se conçoivent pas dans le cadre des rapports de droit privé.

agissent. Si les droits fondamentaux des consommateurs sont garantis, l'action de consommer peut avoir une influence positive sur des politiques européennes telles que la protection de l'environnement ou la politique de l'énergie[13].

Ainsi, le droit fondamental à l'information a une fonction primordiale. En effet, si les droits fondamentaux sont garantis, les consommateurs se comportent de façon consciente et responsable en prenant en considération d'autres impératifs que la satisfaction de leurs propres besoins. Les droits fondamentaux permettent de réaliser un besoin actuel et futur de la protection des consommateurs en renforçant le modèle social.

§2. Différents droits

A. Le droit d'accès à l'information

Avant la conclusion de la vente, le consommateur doit être informé. Il a donc le droit de recevoir l'information lui permettant d'acquérir ou d'utiliser en connaissance de cause les biens ou les services mis sur le marché. Et le paragraphe 11 de principes directeurs recommande aux professionnels de « communiquer des informations complètes, précises et non trompeuses sur les biens et services, afin de permettre aux consommateurs de prendre des décisions en toute connaissance de cause ».

Les fournisseurs des produits doit expliquer clairement ce à quoi il s'oblige. Il apparait clairement que l'obligation d'informer revient au professionnel (fournisseurs de biens ou prestataire de services) qui doit fournir au consommateur des informations précontractuelles claires (compréhensibles), précises, non trompeuses et exhaustives sur le bien ou service, pour permettre à ce dernier de faire un choix rationnel, conforme à ses besoins et à ses moyens.

[13] Par exemple, les consommateurs sont des acteurs majeurs du marché de l'énergie qui se trouve considérablement influencé par leur comportement. S'ils sont convenablement informés, les consommateurs peuvent avoir un impact positif sur la transition énergétique, à travers leur consommation.

Brièvement, les informations sus évoquées concernent les caractéristiques essentielles du bien ou du service à fournir, il s'agit du prix, de l'origine et la date de péremption du bien ; de la nature des matières constituantes ; de la durée et des conditions de la garantie voire certains aléas qui peuvent accompagner son usage. Il nous revient toutefois à se poser la question de savoir quelle est la langue d'information du consommateur[14]?

A ce propos, il convient de préciser que les consommateurs peuvent être désavantagés et subir un préjudice quand des informations sont cachées, quand les informations fournies sont trompeuses ou quand l'information est trop difficile à obtenir ou à évaluer par les consommateurs. Ou encore, les difficultés qu'ont les consommateurs à traiter l'information peuvent conduire à des décisions diminuant leur bien-être même quand l'information disponible n'est pas trompeuse.

Pour éviter ces préjudices, il peut être nécessaire d'autonomiser les consommateurs par :

- La connaissance des fournisseurs et services substitutifs.
- L'accès à une information comparative sur les caractéristiques, les prix et la qualité des services disponibles.
- La possibilité de changer de fournisseur à un coût acceptable, c'est-à-dire le coût de l'accès à l'information et des processus intervenant dans le changement.

B. Le droit de bénéficier d'une bonne publicité

Signalons en outre que l'information destinée au consommateur est parfois transmise par la publicité qui renseigne les éventuels consommateurs sur l'identité ou les caractéristiques réelles des biens ou des services. Par conséquent, pour protéger d'avantage le consommateur, les publicités qui comportent des indications fausses et

[14] A ce propos, certaines législations de protection du consommateur, l'exemple de la loi béninoise portant protection du consommateur, déterminent expressément la langue d'information. Le droit congolais semble muet sur la question. Nous pouvons ainsi dire que le législateur congolais n'impose aucune des langues qui ont cours en ce pays, le souci dominant du législateur semble se limiter à la nécessité d'éclairer la raison du consommateur pour permettre à celui-ci de s'engager en toute connaissance de cause.

susceptibles d'induire le consommateur en erreur ne sont pas admises. C'est dire que la publicité doit être véridique, éthique, loyale et non un moyen d'escroquer et de tromper les consommateurs. Cependant, la réalité fait apparaitre que dans bien des cas, les publicités ne sont pas censurées et comportent parfois des indications trompeuses et confuses, susceptibles d'induire les consommateurs en erreur.

C. Le droit à l'éducation

L'éducation des consommateurs fait allusion au processus par lequel, ces derniers apprennent à gérer leurs ressources et à être capable de prendre des décisions de la consommation. Autrement dit, ce droit permet aux consommateurs d'acquérir les connaissances et techniques nécessaires qui leur permettent d'être des consommateurs avertis, capables de choisir les biens et services en connaissance de cause, mais aussi de comprendre les conséquences environnementales, sociales et économiques de leurs choix.

Assurément, l'éducation des consommateurs est particulièrement indispensable pour permettre à ces derniers de comprendre les mécanismes économiques, et de prendre conscience des pressions auxquelles ils sont soumis[15]. D'ailleurs, dans le contexte de la République démocratique du Congo, il est souhaitable que cette éducation commence à l'école et se poursuive de façon permanente dans l'éducation informelle pour avoir d'avantage des consommateurs avertis.

Au regard du paragraphe 44 des principes directeurs, des programmes d'éducation des consommateurs devraient porter sur des aspects importants de la protection du consommateur, notamment : la santé, les risques liés aux produits, les modalités d'accès aux mécanismes de règlement des litiges et de réparation, les services et organismes chargés de la protection des consommateurs, la protection de l'environnement, et tant d'autres. Signalons enfin que l'Etat, les organismes de défense

[15] Robert SAVY, « La protection des consommateurs en France », in revue internationale de droit comparé, n° 3, 1974, pp. 596 – 629, disponible sur : https://www.persee.fr/doc/ridc_0035-3337_1974_num_26_3_15568

des intérêts consommateurs, les médias voire d'autres groupes intéressés ont chacun un rôle important à jouer dans l'éducation des consommateurs.

D. Le droit à la liberté de choix

Le droit au choix ou encore le droit de choisir fait suite au droit à l'information. Ce droit permet au consommateur d'avoir accès à une variété des biens et services à des prix compétitifs, avec l'assurance d'une qualité satisfaisante. Il peut également s'entendre comme la latitude accordée aux consommateurs de comparer les prix, qualité et quantité des biens ou services sur le marché ou encore de préférer tel bien ou service au lieu de tel autre.

La concurrence sur le marché des produits doit permettre aux consommateurs de changer librement d'opérateur et de pouvoir choisir l'opérateur qui satisfait le mieux leurs besoins et qui proposent des offres conformes à leurs attentes. C'est d'ailleurs la raison pour laquelle la loi sur les communications électroniques consacre le droit des consommateurs à la liberté de choix de leurs fournisseurs. Mais pour que cette liberté soit effective, il faut que le législateur définisse le cadre de la mobilité contractuelle en encadrant les obstacles techniques et conventionnels à cette liberté de choix.

E. Le droit à la sécurité

La protection des consommateurs contre les risques pour leur santé et sécurité figure également parmi les intérêts légitimes des consommateurs proclamés par les principes directeurs. De plus, ce droit est largement considéré comme faisant partie des droits fondamentaux des consommateurs.

Le droit à la sécurité vise à protéger les consommateurs contre tout bien, ou procédés de production et services pouvant menacer leur vie ou leur santé. Par conséquent, le professionnel doit garantir le consommateur que les produits ou services sont sans dangers et que leur consommation ne sera accompagné d'aucun aléa néfaste[16]. En bref, la protection du consommateur s'entend dans le sens de la protection de celui-ci contre les produits dangereux, de mauvaise qualité ou de composition non conforme. Et donc, le droit à la sécurité voudrait que les consommateurs soient réellement protégés contre les risques de dommages déraisonnables, inutiles et évitables associés à l'utilisation prévisible des produits de consommation.

F. Le droit à un environnement sain

Le droit à un environnement sain voudrait que les consommateurs vivent dans un environnement qui ne constitue pas une menace au bien être des générations actuelles et futures. Pour cette raison, les biens et services mis en vente devrait avoir le moins possible d'impact négatif sur l'environnement. La constitution congolaise tel que modifiée à ce jour, garanti ce droit à son article 53. En effet, cette disposition énonce que : « Toute personne a droit à un environnement sain et propice à son épanouissement intégral. Elle a le devoir de le défendre. L'état veuille à la protection de l'environnement et à la santé des populations ».

Comme on peut le remarquer, l'exercice de ce droit procure aux consommateurs congolais les conditions qui leur permettent de vivre dans un milieu physique sain, salubre, non pollué. Il en résulte en outre que le consommateur doit être écologiquement responsable et contribuer à la protection de l'environnement. Ainsi, il doit être conscient de l'impact que sa consommation peut avoir sur l'environnement, en veillant notamment à la pollution.

G. Le droit de constituer les associations des consommateurs

Les principes directeurs reconnaissent aux consommateurs la liberté de constituer des associations ou des organismes de défense des consommateurs, afin de faire valoir leurs vues dans le cadre des processus de prise de décisions les concernant. Ainsi, ce droit qui est celui d'être entendu voudrait que les consommateurs soient représentés aux niveaux où se prennent les décisions, pour que leurs intérêts soient pris

[16] Conférence des nations unies sur le commerce et le développement, Note du secrétariat TD/B/C. I/CPLP/12 : Sécurité des produits de consommation du 30 Avril 201

en compte lors de l'élaboration des politiques gouvernementales sur des questions qui les concernent.

En d'autres mots, ce droit permet aux consommateurs de faire connaitre leur point de vue aux pouvoirs publics quant à la législation, l'organisation et au fonctionnement des services qui les protègent. Mais aussi de saisir les institutions administratives et judiciaires compétentes toutes les fois que ces droits seront violés. Par ailleurs, les pouvoirs publics devraient tenir compte des points de vue des consommateurs dans l'élaboration des politiques qui visent la protection de leurs intérêts.

H. Le droit à la réparation

Reconnu aux consommateurs, ce droit permet à ces derniers de bénéficier d'une juste réparation en cas de dommage subit du fait de l'achat ou de l'utilisation des produits impropres à la consommation. C'est ainsi que l'Office Congolais de Contrôle à travers des produits non contrôlés doit normalement réparer le préjudice causé aux consommateurs du fait des imperfections, ce droit implique l'application des dispositions juridiques visant à protéger les victimes des services défectueux quant à l'Office Congolais d Contrôle, les consommateurs congolais subissent plusieurs préjudices et la plupart d'entre eux consommateurs professionnels, ils n'arrivent plus à exécuter leurs services panoramique de contrôle et cette situation entraine aux consommateurs de diverses maladies.

Si les consommateurs subissent des préjudices graves à la suite de cette faute contractuelle sans qu'une cause d'exonération soit détectée, il y a en droit ce qu'on appelle « préjudice ». Ensuite, il faudrait qu'il ait un lien de causalité entre la faute et le préjudice, lorsque toutes ces conditions sont respectives, les consommateurs seront réputés dans leurs droits. D'ailleurs les cours et tribunaux ont pour rôle d'appliquer les lois et protéger les consommateurs victimes de la part de leur contrôleur.

§3.Quelques principes directeurs de protection des consommateurs

Compte tenu des intérêts et des besoins des consommateurs de tous les états membres, en particulier des états membres en développement, eu égard à la position souvent précaire des consommateurs sur le plan économique et du point de vue de l'éducation et du pouvoir de négociation, et considérant que les consommateurs doivent jouir du droit d'obtenir des produits qui ne présentent pas des risques, ainsi que du droit de promouvoir un développement économique et social juste, équitable et durable et de la protection de l'environnement, les présents principes directeurs pour la protection du consommateur ont les objectifs suivants :

- Aider les pays à assurer ou à maintenir une protection adéquate de leurs citoyens entant que consommateurs ;
- Faciliter des modes de production et de distribution adaptés aux besoins et aux souhaits des consommateurs ;
- Encourager les personnes qui s'occupent de la production de biens et services et de leur distribution aux consommateurs à adopter des normes de conduite strictes ;
- Aider les pays à lutter, aux niveaux national et international, contre toutes les pratiques commerciales abusives des entreprises qui sont préjudiciables aux consommateurs ;
- Faciliter la constitution d'associations de défense des consommateurs indépendants ;
- Promouvoir la coopération internationale dans le domaine de la protection du consommateur ;
- Favoriser l'instauration sur le marché des conditions donnant aux consommateurs un plus grand choix à moindre prix ;
- Promouvoir des modes de consommation durable.

Ces principes directeurs sont applicables aux transactions entre les entreprises et consommateurs, y compris la fourniture de biens et services par des entreprises d'Etat. Aux fins des présents principes directeurs, les politiques de protection du consommateur comprennent les lois, règlements, règles, cadres, procédures, décisions, mécanismes et programmes des états membres, ainsi que les normes et recommandations du secteur privé qui protègent les droits et intérêts des consommateurs et favorisent leur bien-être.

Ainsi donc, en matière de pratiques commerciales la conduite des activités des entreprises dans leurs relations commerciales en ligne et hors ligne avec les consommateurs :

- Traitement juste et équitable. Les entreprises devraient se comporter avec loyauté et honnêteté à l'égard des consommateurs à tous les stades de leur relation et intégrer cette règle de conduite dans leur culture d'entreprise. Elles devraient s'abstenir de toute pratique préjudiciable aux consommateurs, en particulier aux consommateurs vulnérables et défavorisés ;
- Pratiques commerciales. Les entreprises devraient s'abstenir de recourir à des pratiques commerciales illégales, contraire à l'éthique, discriminatoires, ou trompeuses telles que des techniques de vente abusives, des procédures de recouvrement de créances abusives ou tout autre comportement inapproprié susceptible de faire encourir un risque ou un préjudice indu aux consommateurs et avoir pour responsabilité d'ériger en objectif le respect des mesures de protection des consommateurs ;
- Communication d'information et transparence. Les entreprises devraient communiquer des informations complètes, précises et non trompeuses sur les biens et services, les modalités, les conditions les charges applicables et le coût final afin de permettre aux consommateurs de prendre des décisions en toute connaissance. Elles devraient veiller à ce que ces informations, en particulier celles relatives aux principales modalités et conditions, soient aisément accessibles, quelle que soit la technologie employée ;

- Education et sensibilisation. Les entreprises devraient, selon que de besoin, mettre au point des programmes et dispositifs qui aident les consommateurs à acquérir les connaissances et compétences requises pour comprendre les risques encourus, notamment financiers, prendre des décisions éclairées, et obtenir des conseils et une aide de préférence d'une tierce partie indépendante, si nécessaire ;
- Protection de la vie privée. Les entreprises devraient protéger la vie privée des consommateurs au moyen d'un ensemble de mécanismes de contrôle, de sécurité, de transparence et de consentement pour la collecte et l'usage de leurs données personnelles ;
- Plaintes et litiges. Les entreprises devraient mettre à la disposition des consommateurs des mécanismes d'examen des plaintes qui garantissent un règlement équitable, transparent, peu couteux, accessible, rapide et efficace de leurs litiges sans qu'ils aient à supporter de coûts ou charges indus. Elles devraient envisager de souscrire aux normes nationales et internationales concernant l'examen des plaintes en interne, les modes alternatifs de règlement des litiges et les codes sur la satisfaction de la clientèle.

CHAPITRE II. CADRE REGLEMENTAIRE DE PROTECTION DES CONSOMMATEURS

SECTION I. AU NIVEAU NATIONAL

§1. Cadre règlementaire de protection

Le droit congolais comprend plusieurs dispositions, certes éparses qui protègent le consommateur, ils ne font pas l'objet d'un texte unique. Pour s'inspirer dans le domaine de la consommation, on recourt à plusieurs textes. Ces textes demeurent soit inadaptés, inobservés ou soit inappliqués, ces textes ne sont plus adaptés aux réalités économique d'aujourd'hui. Néanmoins, ces textes peuvent servir de base pour l'amélioration de nouveaux textes en matière de consommation. Par conséquent, ces textes sont à actualiser et à vulgariser parce qu'ils sont mal connus de nombreux consommateurs; ils sont éparpillés dans plusieurs codes et ne sont pas appliqués.

Lorsqu'on parle de la protection juridique du consommateur, on vise l'ensemble de dispositions mises en place par le législateur en vue de cautionner la protection des droits des consommateurs et de régir les rapports que les consommateurs entretiennent avec leur partenaire économique. Dans notre analyse, faute des textes propres à la protection du consommateur de l'eau pure en sachet nous allons donc recourir aux textes qui protègent le consommateur d'une manière générale.

Ainsi, pour assurer la protection juridique des consommateurs à l'occasion de l'accomplissement des actes de consommation ou de règlement des litiges y afférents, au Congo on peut se prévaloir soit des règles du droit civil ou soit celles de droit pénal édictées en vue de leur protection directe ou indirecte, d'ailleurs même notre constitution contient des dispositions tendant à protéger les consommateurs il s'agit du droit civil[17] et du droit pénal[18].

Appart les règles du droit commun auxquelles nous venons de faire allusion, il existe quelques textes pris en ordres dispersés et contenant des dispositions relatives à la protection des consommateurs. Nonobstant le vide juridique pour ce qui est de règles spécifiques à la protection du consommateur de l'eau pure en sachet nous pouvons toutefois quant au manque, recourir aux textes spécifiques qui protègent les consommateurs d'une manière générale bien qu'en son état actuel, en R.D.C, il n'existe pas encore une réglementation particulière à la protection du consommateur, mais les textes protecteurs des consommateurs font l'objet de la fusion de plusieurs textes isolés.

Le législateur congolais n'a pas encore légiféré sur la consommation de l'eau pure en sachet mais nous recourons à des règles générales de la protection du consommateur qui tendent à protéger d'une manière très particulière le consommateur de l'eau pure en sachet, nous citons:

- *Arrêté ministériel n°1250/CAB/SP/MIN/006/CPH/OBF/2015 du 28 septembre 2015 portant dispositions relatives à l'enregistrement et à l'autorisation de mise sur le marché des compléments alimentaires*

Au regard de cet arrêté aucun complément alimentaire ne peut être importé, fabriqué, commercialisé en République Démocratique du Congo s'il n'a pas été préalablement homologué et n'a pas bénéficié d'une autorisation de mise sur le Marché (AMM) délivré par la Direction de la pharmacie et du médicament du Ministère de la Santé Publique.

[17] Le code civil congolais et, plus particulièrement son livre III contient des dispositions d'ordre général protégeant le consommateur dans certaines situations.
[18] Le code pénal congolais et, plus précisément, son second livre consacré au droit pénal spécial, réprime quelques actes de consommation, notamment l'empoisonnement, l'homicide par imprudence, l'administration des substances nuisibles et les lésions corporelles involontaires, armes contre les attentats à l'intégrité corporelle du consommateur, d'une part et, d'autre part, l'escroquerie et les tromperies visant à lutter contre les fraudes des professionnels sur le marché des biens et services.

Une demande d'enregistrement du complément alimentaire doit se faire par le propriétaire du produit, le fabricant ou l'importateur. Toutefois, si le produit présenté comme complément alimentaire répond aux indications contre des maladies bien déterminées et lorsqu'il est utilisé pour traiter des maladies, il doit se conformer, aux lignes directrices relatives aux produits pharmaceutiques à base des plantes et médicaments traditionnels améliorés conformément à l'annexe 2 et requiert les services d'un pharmacien comme personne habilité à faire la demande pour le compte de l'établissement qui l'emploie[19].

- *Décret du 26 juillet 1910 relatif à la fabrication et commerce de denrées alimentaires*

Dans l'intérêt de la santé publique, le législateur, en vue de prévenir et de faire réprimer la falsification et les fraudes constatées dans le commerce, a pris ce décret et à partir de lui, une législation alimentaire va se développer en tenant compte de l'évolution sociologique et économique de l'état.

- *Ordonnance du 17 octobre 1911 sur l'emballage, préparation et la fabrication des denrées alimentaires*

Cette ordonnance, interdit d'employer pour la préparation, la conservation, l'emballage des liquides et denrées alimentaires destinés à la vente, ou en vue du débit de ces produits, des vases, ustensiles, récipients, appareils ou objets divers dont le contact avec lesdits liquides ou denrées pourrait amener une composition, une solution de substances vénéneuses ou nuisibles à la santé.

---

[19] Art. 2 et 4 Arrêté ministériel n°1250/CAB/SP/MIN/006/CPH/OBF/2015 du 28 septembre 2015 portant dispositions relatives à l'enregistrement et à l'autorisation de mise sur le marché des compléments alimentaires

- *Ordonnance du 22 octobre 1911 sur la fabrication et le commerce des alcools, eaux-de-vie et liqueurs*

L'art. 5 de cette ordonnance déclare nuisibles, eaux-de-vie ou liqueurs alcooliques renfermant certaines substances telles que le nitrobenzine, le salicylate de méthyle.

- *Ordonnance n°79/A.E. du 2 octobre 1930 sur la fabrication des eaux minérales*

Selon ce texte juridique, il est interdit d'employer pour la fabrication des eaux minérales ou de table, des eaux ne réunissant pas les conditions de potabilité tant du point de vue physico-chimique que du point de vue bactériologique. De même interdit d'employer dans la fabrication des eaux minérales ou de table, des substances épuratrices, minéralisantes ou autres contenant en quantité dangereuse des produits nocifs ou toxiques. L'emploi des matières, ustensiles ou objets divers, susceptibles d'amener la corruption de l'eau, soit en la protégeant peu efficacement contre tout danger de contamination extérieure, soit de toute autre manière est prohibée.

- *Ordonnance n°74/453 du 31 décembre 1952 relative à la protection et salubrité des denrées alimentaires*

Les personnes atteintes des maladies contagieuse ainsi que celles dont l'état de santé ou de malpropreté corporelle constituant un danger de contamination ne peuvent participer à la production, fabrication, préparation et manipulation en vue de la vente ou à la vente des substances servant à l'alimentation humaine. Les locaux utilisés pour la vente, la fabrication, préparation, emballage ou détention en vue de la vente de substances alimentaires de même que le matériel qui s'y trouve, seront lavés quotidiennement au moyen d'eau contenant un produit détersif. Ils devront être en constant état de propreté. Il est interdit de détenir dans ces locaux des matières nuisibles à leur salubrité ou impropres à l'alimentation humaine.

L'emballage en vue de la détention et de la vente des substances servant ou destinées à l'alimentation humaine doit se faire de façon à éviter toute contamination ou souillure. Avant de procéder à la fermeture de l'emballage, tout fabricant ou commerçant doit s'assurer que des matières ou corps étrangers ne se trouvent pas mêlés aux substances alimentaires.

Grosso modo, le cadre légal et réglementaire sur la protection des consommateurs dans le domaine sous analyse se présente comme suit[20] :

- *L'ordonnance du 23 mars 1915 portant préparation et commerce du pain et autres denrées alimentaires dérivées de farines (B.O., p.104) ;*
- *L'ordonnance du 05 juin 1916 règlementant le commerce du riz comestible ;*
- *L'ordonnance du 02 octobre 1930 sur les eaux minérales de table, limonades, essences ou sirops offerts à la consommation ou destinés à être incorporés aux eaux pour obtenir des limonades ;*
- *L'ordonnance du 05 avril 1938 portant conditions de qualité et d'exportation des bananes ; L'ordonnance du 22 janvier 1941 portant règlementation de l'exportation des arachides décortiquées ;*
- *L'ordonnance du 02 juin 1951 portant commerce et préparation des œufs à la coque ;*
- *L'ordonnance du 31 décembre 1952 sur la protection et la salubrité des denrées alimentaires (B.A., 1953, p.85) ;*
- *L'ordonnance du 14 juin 1956 portant préparation et commerce de lait et des produits de l'industrie laitière telle que modifiée et complétée par l'ordonnance n°55/114 du 2 mars 1959 (B.A., p.780) ;*
- *L'ordonnance du 27 août 1957 sur le commerce du thé ;*
- *L'ordonnance du 1er mars 1958 sur le commerce du maïs ;*

[20] Aimé BANZA ILUNGA, « Manuel des contrats d'adhésion et protection des consommateurs » Lubumbashi, Août 2023, p.181

- *L'ordonnance du 06 janvier 1968 relative à la détermination des droits des consommateurs et régime des boissons alcooliques telle que modifiée par l'ordonnance-loi n068/192 du 02 mai 1968 ;*
- *L'ordonnance du 27 juillet 1972 relative à la culture et au commerce du café ;*
- *L'arrêté du 20 juin 1996 portant dispositions applicables à l'importation du blé et de la farine du froment ;*
- *L'arrêté ministériel n°409/CAB MIN/TC/0082/2006 du18 juillet 2006 portant règlementation de l'emballage en RD Congo (JORDC, 47 e année, n°18, 15 septembre 2006) ;*
- *L'arrêté interministériel n°001/CAB/MIN-ECO/2007 et 001/CAB/MIN/IND/2007 du 12 avril 2007 portant interdiction du commerce d'alcools, eaux-de-vie et liqueurs conditionnés dans les sachets ;*
- *L'arrêté n°1250/CAB du 28 septembre 2015 portant dispositions relatives à l'enregistrement et à l'autorisation de mise sur le marché des compléments alimentaires ;*
- *L'arrêté min. n°004 du 01 avril 2008 portant adoption de 94 normes du CODEX alimentaire en normes nationales congolaises et leur mise en application ;*
- *L'arrêté n° CAB.MIN/IND/OJA/012/12/2020 du 03 décembre 2020 portant adoption des normes nationales congolaises dans le secteur de l'agro-industrie, norme congolaise pour la panification et la pâtisserie ;*

§2. D'autres mécanismes de protection

Le consommateur a de prime à bord besoin d'avoir une certaine dose de curiosité élevée avant d'adhérer à la consommation d'un bien quelconque. Pour y arriver, il doit être éduqué, informé et en fin il doit être assisté par le pouvoir public[21]. Il s'agit de l'éducation du consommateur et d'information. L'éducation constitue une étape fondamentale de la protection des consommateurs, car elle seule amènera ces

[21] KALAMBAY LUMPUNGU G., Cours de Droits Agricole et Forestier, Cours polycopié, G3 Droit, U.K, Mbanza Ngungu 2013-2014, Inédit.

derniers à comprendre leurs intérêts ainsi que la portée des dispositions législatives et réglementaires consacrants leurs droits.

Le consommateur éduqué est celui qui compte tout sur lui-même, qui agit en responsable et qui prend conscience du rôle que la société attend de lui devant le développement rapide des techniques de fraudes et des abus commis par les commerçants peu scrupuleux. En fait l'éducation vise à familiariser les consommateurs aux questions liées à leur sécurité physique et économique, à leur protection juridique et judiciaire, ainsi qu'à leur organisation collective. Son objectif consiste à aider les consommateurs à mesurer leurs forces potentielles à prendre en charge leur propre protection.

Quant à l'information du consommateur, l'article 279 du C.C.C.LIII stipule que «le vendeur est tenu d'expliquer clairement ce à quoi il s'oblige ...». Le consommateur doit normalement être informé sur la qualité, le prix et l'impact de la denrée alimentaire à consommer sur son organisme. Malheureusement les commerçants n'ayant désormais d'yeux que sur leurs intérêts, foulent ainsi au pied l'intégrité des consommateurs ne parviennent pas à informer les paisibles clients sur la qualité des biens à consommer.

§3. Cadre institutionnel de protection

A. La commission de la concurrence

Crée par l'arrêté départemental n° DENI/CAB/06/013/87 du 25 Mars 1987 portant création et fonctionnement de la commission de la concurrence, cet organe est chargé de veiller au respect par les opérateurs économiques des règles de la libre concurrence. Elle a en outre, le pouvoir de rechercher, examiner et le cas échéant, de sanctionner les restrictions à la concurrence découlant des actes illicites à des prix imposés, et autres pratiques commerciales abusives.

B. La commission de la police du commerce

Créée par l'ordonnance n° 83–178 du 28 septembre 1983 portant création de la commission de la police de commerce, cette commission veille de manière permanente au respect de la législation économique et commerciale par les opérateurs économiques, qu'ils soient producteurs industriels, producteurs de services ou commerçants grossistes ou détaillants[22].

C. L'Office congolais de contrôle (OCC)

L'office Congolais de contrôle, OCC en sigle, de contrôler la qualité, la quantité, la conformité et le prix de tous marchandises et produits à l'importation comme à l'exportation. Etant qu'établissement public à caractère scientifique et techniques[23], les missions lui assignées sont les suivantes:

- effectuer les contrôles de qualités, de paix et de conformité de tous marchandises et produits ;
- Analyser tous les échantillons et produits ;
- Effectuer le contrôle technique de tous les appareils et travaux ;
- Procéder à la constatation des avaries survenus aux marchandises et produits et certificat d'avaries y afférent
- vérification et étalonnage des instruments de mesure,
- assurer la prévention et les contrats de sinistres d'avaries
- gérer et exploiter les silos, magasins généraux et accomplit toutes opérations quelconques se rapportant directement ou indirectement à son objet social, sauf les opérations d'achat en vue de la revente.

En ce qui concerne les objectifs majeurs, l'OCC doit démontrer que les produits, processus, services sont conformes à des spécifications, des prescriptions dans le cadre de règlements nationaux, régionaux ou internationaux. Il doit aussi établir et surveiller l'application des exigences relatives à la protection de la santé et de l'environnement ainsi que la sécurité des biens et des personnes. Protéger les consommateurs par le contrôle des pratiques déloyales et aider à la mise en quarantaine

[22] Article 2 de l'ordonnance n° 83–178 du 28 septembre 1983 portant création de la commission de la police de commerce.
[23] Décret n°09/42 du 03 décembre 2009 fixant les statuts de l'OCC.

des marchandises et produits nocifs, des organismes nuisibles et pathogènes lors de leur entrée dans une économie.

Il peut aussi faire toutes opérations quelconques se rapportant directement ou indirectement à son activité légale, sauf des opérations d'achat en vue de la revente. L'Office Congolais de Contrôle est le seul établissement public qui a reçu totalement une mission de surveillance générale au Congo. Cette mission est accomplie dans une situation de monopole concédée à l'office par le législateur. En effet, il a été confié à cette entreprise publique toutes activités de surveillance jadis gérées par des entreprises privées, une société générale de surveillance dont l'objectif majeur est celui de contrôler les échanges commerciaux tant nationaux qu'internationaux.

Ces contrôles s'opéraient des marchés de gré à gré dans ce sens que la société congolaise de surveillance se fondait sur les contrats négociés et signés par l'arrangement à l'amiable avec la clientèle, sans soubassement réglementaire contraignant. Dans ces cas d'espèce, la pratique montre que cette protection aux consommateurs tant d'office congolais de contrôle que celle assurée par les agents des affaires ex anomiques et loin de produire l'effet escompté.

D. Les services de santé provinciaux

Comme le prévoit la Constitution, les services de santé provinciaux remplissent une mission de supervision auprès des autorités locales. Le Plan national de santé stipule que les instances sanitaires provinciales apportent leur soutien aux services de santé du district, assurent le suivi et l'évaluation de leurs activités. Ces services de santé provinciaux sont chargés d'améliorer et de suivre l'état sanitaire des populations de la province.

Il leur appartient de mettre sur pied et de financer un système de santé et de prise en charge efficace, en dotant l'ensemble de la province d'un système sanitaire fondé sur la disponibilité de soins de santé primaires au niveau du district. Les autorités sanitaires provinciales auxquelles ont été fusionnés les bureaux régionaux de l'ancien

Ministère de la santé nationale et de l'évolution de la population, effectu ent aujourd'hui le contrôle des aliments importés pour le compte du Ministère de la santé.

E. Divers laboratoires

Les laboratoires de chimie légale du Ministère de la santé en RDC procèdent aux analyses chimiques des aliments qui leur sont remis par les autorités locales et provinciales. A ce propos, il sied de préciser que la reconnaissance des laboratoires est de la compétence de l'OCC conformément aux exigences de la norme ISO/CEI17025 concernant les organisations d'essai. Ainsi, la détermination de la qualité des échantillons des marchandises et des produits soumis à l'inspection lors de l'importation et de l'exportation, de la certification des produits locaux et dans l'exercice du commissariat d'avaries.

Il existe plusieurs laboratoires de métrologie ayant pour domaines : mesurage de masse, mesurage de volume, mesurage dimensionnel, mesurage de température, mesurage de pression, mesurage d'électricité. En dehors de cela, il y aussi des laboratoires d'essais des matériaux dans le domaine du génie mécanique, génie civil. Afin, les laboratoires de chimie et de microbiologie s'occupent des produits suivants :

- denrées alimentaires
- produits agricoles
- boissons et eaux
- produits textiles
- produits chimiques et produits de génie chimiques
- produits miniers
- produits pharmaceutiques et cosmetiques
- produits pétroliers

Parmi ces laboratoires on peut celui de Kasumbalesa qui s'occupe d'essais physico-cimiques et/ou microbiologiques ainsi que d'essais agro-alimentaires. Quant à celui de Lubumbashi, il s'occupe de métrologie secondaire, d'essai de matériaux, de chimie et microbiologie. Il convient de noter que les essais permettent de fournir un appui à la certification, contrôler la qualité des marchandises, s'assurer de la qualité des produits congolais exportés en vue de garantir leur compétitivité sur le marché international mais aussi d'apporter les éléments d'appréciation des fiables en cas d'avaries/dommages survenus aux marchandises.

F. Le service d'hygiène

Son rôle est de faire appliquer la réglementation relative à la protection de la population en matière d'hygiène et de santé et peut être contacté à tout moment. Il contribue à la prévention et au conseil.

G. Les associations de défense des droits des consommateurs

Rappelons qu'il est reconnu aux consommateurs la liberté de constituer des associations. Et ces dernières jouent également un rôle non négligeable dans la protection des droits des consommateurs. Ces associations informent leurs membres ou non sur les produits ou services ; elles conseillent individuellement et assistent les consommateurs dans le règlement des litiges avec les professionnels ; elles font entendre aussi les points de vue des consommateurs dans les instances de prise de décision[24].

SECTION II. AU NIVEAU INTERNATIONAL

§1. Consumers international

Il s'agit d'une fédération mondiale des associations de protection des consommateurs. Cette organisation non gouvernementale (indépendante) a pour objectif de représenter la voix des consommateurs auprès des institutions

[24] En République démocratique du Congo , les acteurs du secteur militant pour la protection des consommateurs agissent de manière générale. C'est le cas notamment de: L'UDECOM: Union pour la Défense des droits des Consommateurs au Congo, avec comme champ d'action la protection des consommateurs des biens et services de manière générale; l'UCST: à la différence de la première, l'Union des Consommateurs des Services des Télécommunications se veut plus sectorielle, en limitant son champ d'action aux consommateurs des services de télécommunication.

internationales et de promouvoir le développement du mouvement consumériste dans le monde entier. En résumé, la mission de CI est d'accroitre la protection des consommateurs dans le monde.

§2. Le Bureau régional de l'OMS pour l'Afrique

Ce bureau a comme objectifs :

- Fournir une plateforme de plaidoyer pour la s plaidoyer pour la sécurité sanitaire des aliments; sanitaire des aliments;
- Fournir aux États membres un cadre pour la formulation et la cadre pour la formulation et la mise en application de politiques nationales des nationales de sécurité des aliments;
- Renforcer les systèmes de contrôle des aliments, contrôle des aliments, notamment la surveillance de maladies d' 'origine alimentaire et le suivi des aliments en vue de prévenir les cas d' 'urgences
- Faciliter l' 'instauration de la collaboration intersectorielle et de partenariats dans le domaine sanitaire des aliments.

§3. Le Groupe intergouvernemental d'experts du droit et de la politique de protection du consommateur

Le groupe intergouvernemental d'experts du droit et de la politique de protection du consommateur est un organe qui surveille la mise en œuvre et l'application des principes directeurs des Nations unies pour la protection du consommateur. Le paragraphe 97 des principes directeurs énonce plusieurs missions du GIE[25], entre autres :

- Offrir une tribune pour la tenue de consultation, des débats et d'échanges des vues annuels entre les états sur des questions ayant trait aux principes directeurs,

[25] Il s'agit d'un forum de consultation qui mène des recherches et des études, offre une assistance technique, effectue des examens volontaires par des pairs et veille à ce que les principes directeurs restent pertinents et efficaces.

et en particulier, leur mise en œuvre et les données d'expérience acquises à cette occasion et d'en définir les modalités d'organisation ;

- Entreprendre et diffuser périodiquement des études et des travaux de recherche sur la protection des consommateurs en rapport avec les principes directeurs sur base d'un consensus entre les états membres et de leurs intérêts ;
- Effectuer à titre volontaire, des évaluations de la politique des états membres en matière de protection du consommateur ;
- Renforcer les moyens dont disposent les pays en développement et les pays en transition pour élaborer et appliquer leur législation et politiques en matière de protection des consommateurs et leur fournir une assistance technique ;
- Rédiger des rapports et recommandations concernant les politiques des états membres en matière de protection des consommateurs, y compris sur l'application des principes directeurs.

§4. La conférence des Nations unies sur le commerce et le développement

Il s'agit d'un organe des Nations unies chargé du commerce et du développement et des questions connexes concernant les finances, la technologie, l'investissement et le développement durable. Cet organisme regroupe tous les pays membres de l'ONU et vise à intégrer les pays en voie de développement dans l'économie mondiale de façon à favoriser leur essor. Il est en outre, devenu progressivement une institution compétente fondée sur le savoir dont les travaux visent à orienter le débat et la réflexion actuels sur la politique générale du développement, en s'attachant tout particulièrement à faire en sorte que les politiques nationales et l'action internationale concourent ensemble à faire naitre le développement durable.

§5. La protection des consommateurs en Droit comparé

A. Les initiatives Europe et au Canada

Comme nous le savons, la politique de concurrence vise à faire appliquer des règles garantissant que les entreprises se livrent une concurrence loyale. La politique de concurrence contribue à stimuler l'esprit d'entreprise et la productivité, à élargir l'offre pour les consommateurs, à faire baisser les prix et à améliorer la qualité des biens et services. Des prix bas pour tous : la façon la plus simple de conquérir des parts de marché est d'offrir un meilleur prix. Sur un marché concurrentiel, les prix sont tirés vers le bas. C'est un avantage pour les consommateurs, mais pas uniquement : les entreprises sont encouragées à produire si plus de gens ont les moyens d'acheter leurs produits, ce qui stimule l'ensemble de l'économie.

L'Union européenne a, de son côté, pris une position tranchée en faveur de la protection des opérateurs économiques par le biais du private enforcement. Mais la directive européenne 2014/104 est la démonstration de cette jonction plus que celle d'un avènement, à proprement parler, du droit de la consommation européen dans le domaine de la concurrence. Cette position est intéressante pour les systèmes civilistes, souvent accusés d'être de nature à pénaliser les initiatives privées tendant à la réparation des préjudices concurrentiels.

Au Canada, le droit civil de la province du Québec, baigné dans un environnement de droit d'origine anglaise, semble pourtant démontrer une capacité à répondre aux besoins des consommateurs en matière de protection subjective de leurs droits. Par exemple, la Loi sur la protection du consommateur pourrait avoir une portée renforcée dans le domaine de la concurrence en utilisant le pouvoir législatif des provinces en droit civil, à l'image du projet de loi 26 du gouvernement du Québec relatif à la réparation du préjudice concurrentiel subi par l'État québécois à la suite de fraudes dans les contrats publics .

B. La directive européenne 2014/104 et la protection du consommateur en Europe

La directive 2014/104 vient prévoir des règles spéciales pour l'action en réparation des victimes de pratiques anticoncurrentielles. En somme, la directive vient imposer un niveau minimum de garantie pour les consommateurs dans ce type de recours. Par là même, chaque État membre doit s'interroger sur l'état de son droit interne sur cette question et voter une loi de transposition qui met en œuvre ces injonctions européennes. Cependant, la directive reste décevante dans la mesure où beaucoup de mesures phares pour l'action privée sont restées lettre morte. Les dommages et intérêts punitifs sont non seulement rejetés, mais aucune mesure ne peut permettre une forme de peine privée[26].

Quant à l'action collective, pièce maîtresse de l'action privée nord-américaine, elle disparaît finalement de la directive européenne au profit d'une simple recommandation. Elle marque ainsi qu'elle est une directive davantage tournée vers les entreprises que vers les consommateurs. Par conséquent, le bilan de presque dix années de réflexion est loin d'amener le droit européen sur les traces du private enforcement des États-Unis.

C. En France

Prenant acte de la volonté européenne de favoriser la réparation du préjudice concurrentiel des consommateurs, le législateur français a finalement mis fin à plusieurs décennies de débats en introduisant l'action de groupe en droit de la concurrence et en droit de la consommation. Bien que l'Union européenne ait finalement renoncé à imposer aux États membres cette solution pour remédier à l'inertie du private enforcement européen, la France a su faire preuve d'une audace mesurée en prévoyant une action privée collective spécifique. Désormais, la loi Hamon du 17 mars 2014 offre aux consommateurs la possibilité de s'unir par l'entremise d'une association de consommateurs agréée pour obtenir la réparation de leur préjudice concurrentiel.

En dehors de la loi, il existe des activités privées concourant à la protection des consommateurs parmi lesquelles on peut la normalisation et Les labels et certificats de qualité. En effet, la normalisation est un moyen d'instaurer une discipline collective de

[26] Cette directive vient faciliter la tâche des victimes en établissant un jeu de présomptions. Désormais, une décision définitive d'une autorité nationale de concurrence constatant l'infraction au droit de la concurrence établit de manière irréfragable la faute civile des auteurs à condition que l'action privée soit intentée dans l'État membre où la décision de l'autorité nationale de concurrence a été prise.

la production, en obligeant les producteurs à respecter les « normes » auxquelles certains biens, doivent répondre. Selon l'Ï.S.O. (Comité international pour la normalisation), elle est mise en œuvre «... dans l'intérêt commun tant des consommateurs que des producteurs ». Elle est en tout cas un moyen d'informer le consommateur sur les qualités qu'il peut attendre d'un produit.

Quant aux labels et certificats de qualité ils tendent à attester à des fins commerciales qu'un produit présente certaines qualités spécifiques. Ils sont délivrés par un organisme qui n'assure pas lui-même la fabrication, la production ou la vente de ce produit ». Leur délivrance est réglée par la loi d'orientation agricole du 5 août 1960 et son décret d'application du 13 janvier 1965 pour les labels agricoles, et par les articles 7 et 8 de la loi du 2 juillet 1963 pour les labels industriels dits « certificats de qualité »[27]. La multiplicité des organismes certificateurs, et la difficulté qu'il y a à les contrôler régulièrement, font que la garantie apportée aux consommateurs est très variable. Encore faut-il distinguer, et réserver une place particulière au label Qualité-France.

D. Au Maroc

La loi n° 31-08 édictant des mesures de protection du consommateur complète le dispositif juridique existant en matière de protection du consommateur et met en place un cadre favorable pour la promotion du rôle des associations de protection du consommateur avec comme objectifs :

- Assurer une information claire, objective et loyale au consommateur (prix, étiquetage, conditions de vente) ;
- Renforcer la protection des intérêts économiques du consommateur (interdiction ou réglementation de certaines pratiques commerciales) ;
- Rééquilibrer les relations consommateur-fournisseur (interdiction des clauses abusives, garantie, crédit).

[27] Décret 46-1391 du 12 juin 1946, D. 1946, IV, 256.

- Renforcer le mouvement consommateur en permettant aux Associations de protection des consommateurs d'être reconnues d'utilité publique et autorisées à ester en justice.

En vue de faire appliquer la loi et ses textes d'application, le Ministère dispose d'un corps d'enquêteurs qualifiés et assermentés à cet effet. Ces enquêteurs sont implantés dans les 29 délégations du Ministère. Ils sont chargés d'effectuer des contrôles pour rechercher et constater les infractions aux dispositions de la loi n° 31-08 dans le domaine du commerce et de l'industrie notamment en matière de pratiques commerciales. Aussi, le Ministère dispose d'une cellule de contrôle des sites internet marchands qui est chargée de vérifier la conformité des annonces au regard des dispositions de la loi n° 31-08

Le Ministère a mis en place un portail dédié au consommateur www.khidmat-almostahlik.ma qui permet de diffuser des informations en matière de protection de consommateur (réglementation, événements, fiches pratiques, etc.) et de déposer des requêtes soit pour demander des renseignements soit pour signaler des faits susceptibles de tomber sur le coup des dispositions de la loi n° 31-08 (plaintes)[28].

E. Au canada

Au canada, la relation contractuelle du consommateur est un domaine de droit civil qui ressort exclusivement du droit interne des États. L'action en justice du consommateur utilise le biais de l'action en responsabilité contractuelle, mais aussi extracontractuelle pour réparer un éventuel préjudice. À ce sujet, on constate que la protection directe du consommateur, assumée spontanément par les instances nationales du lieu de sa résidence, émane ces dernières années toujours du droit national, mais cette fois sous l'impulsion d'un droit supranational.

[28] De même, le Ministère organise, chaque année, au mois de mars des journées nationales du consommateur en commémoration de la journée mondiale du consommateur célébrée le 15 mars. Cette manifestation, devenue un rendez-vous annuel incontournable des acteurs de la consommation, se déroule au niveau de plusieurs villes du Royaume en collaboration avec les partenaires concernés notamment les Associations de Protection du Consommateur, les Départements Ministériels concernés par l'application de la loi n° 31-08.

Alors que les instances européennes et le parlement fédéral canadien avaient d'abord pour mission la protection indirecte du consommateur, c'est-à-dire principalement assurer sa sécurité physique et des conditions de saine concurrence sur le marché, cette mission s'est lentement déplacée vers une protection plus directe afin d'instrumentaliser la protection du consommateur aux fins de la régulation de la concurrence. Le *private enforcement* traduit cette position des droits européens et canadiens.

Que ce soit l'article 36 de la Loi canadienne ou la directive 2014/104, l'objectif est de permettre la réparation du préjudice concurrentiel par la voie de l'action en responsabilité civile extracontractuelle. Dans ce mouvement, il faut alors bien distinguer la notion de « protection du consommateur » de celle de « droit de la consommation »[29].

Dans La province du Québec a un droit privé..., les victimes, qu'elles soient des consommateurs ou des entreprises, peuvent obtenir réparation des infractions aux règles de concurrence. Il s'agit de la Partie VI de la Loi, c'est-à-dire les ententes sur le fondement de l'article 36 de la loi vu précédemment. Le cumul avec le droit à réparation provincial est possible en se fondant également sur l'article 1457 du Code civil du Québec.

F. En Afrique du sud

Loi de 1972 concernant les produits alimentaires, cosmétiques et désinfectants (loi n° 54 de 1972). Ce texte réglemente la production, la commercialisation et l'importation de toutes les denrées alimentaires du point de vue de la sécurité et de la santé publiques, sous la tutelle de la Direction du contrôle des aliments au Ministère de la santé. Les autorités locales sont chargées de veiller à l'application générale de la

[29] Le droit de la consommation, dans sa forme actuelle, est un droit interne qui régit des relations contractuelles des consommateurs. Mais l'idée de protection du consommateur est décloisonnée. Elle dépasse le simple droit de la consommation pour venir imprégner de plus en plus la régulation de la concurrence. Dans ce contexte, cette évolution semble ne pas pouvoir se passer d'un partenaire procédural important : l'action collective. L'exemple du Québec et de la France démontre que cet outil de procédure civile est incontournable dans les actions privées. Elle permet de faire la jonction entre la protection du consommateur en droit de la concurrence et le droit de la consommation.

loi dans leur ressort tandis que les autorités sanitaires provinciales assurent le contrôle des importations pour le compte des services centraux du ministère[30].

Loi de 1977 concernant la santé (loi n° 63 de 1977). Ces dispositions réglementent les aspects relatifs à l'hygiène des locaux en contact avec les aliments (y compris les abris pour la traite) et leur transport. Leur administration incombe également à la Direction du contrôle des aliments au Ministère de la santé et les autorités locales en assurent l'application dans leur ressort. En l'absence d'autorités locales, les services de santé provinciaux veillent au respect de ces dispositions dans les régions.

Loi de 1974 relative à la réglementation sanitaire internationale (loi n° 28 de 1974). Certaines dispositions de cette loi ont trait aux aliments. Le Ministère de la santé est chargé de délivrer les agréments aux denrées destinées à la consommation fournies dans l'enceinte des ports et aéroports, ainsi que sur les navires et aéronefs. La loi spécifie également les conditions d'hygiène auxquelles doit satisfaire leur manipulation. Les autorités sanitaires provinciales procèdent aujourd'hui aux opérations d'agrément pour le compte des services centraux du ministère. Elles sont légalement tenues d'inspecter les locaux et de prélever des échantillons d'aliments aux fins d'analyses.

Loi de 1965 concernant les médicaments et substances apparentées (loi n° 101 de 1965). La Direction de la gestion des médicaments au Ministère de la santé administre et fait appliquer cette loi qui prévoit, entre autres, l'homologation des médicaments vétérinaires ainsi que celle des denrées alimentaires et des compléments nutritionnels ayant des incidences sur la santé ou à propos desquels il est fait des allégations concernant la santé.

[30] Aux termes du Plan sanitaire national, l'Autorité sanitaire nationale (National Health Authority - NHA) a pour mission de développer l'ensemble des soins de santé et d'en assurer la fourniture dans le pays. Il lui incombe également de définir la politique nationale et de conduire la planification stratégique en la matière, de coordonner la mise en œuvre des programmes et le fonctionnement de l'ensemble du système de santé national. Elle élabore les lignes directrices, normes et règles qui seront appliquées à l'ensemble du système de santé et traduit cette politique en programmes de développement sanitaire intégrés pertinents. Les grandes orientations de politique sont arrêtées à l'échelon central où s'élabore aussi la législation sanitaire

SECTION III. LA PROTECTION DES CONSOMMATEURS PAR LE DROIT DE LA CONCURRENCE

§1. Notions fondamentales

La concurrence est une situation de compétition économique qui se caractérise par l'offre, par plusieurs entreprises distinctes et rivales, de produits ou de services sur le marché qui tendent à satisfaire des besoins équivalents, avec pour les entreprises, une chance réciproque de gagner ou de perdre les faveurs de la clientèle. Le marché des biens et des services est une notion économique décrite comme le lieu de confrontation de l'offre et de la demande, ce qui permet la fixation d'un prix.

La garantie du libre fonctionnement de ce marché repose sur l'interdiction et le cas échéant sur la sanction des pratiques anticoncurrentielles. La théorie économique traditionnelle qualifie un marché concurrentiel quand, à un moment donné, sont satisfaits des critères précis: un grand nombre de compétiteurs, proposant des produits identiques ou comparables, libres d'entrer et de sortir du marché sans aucun coût et parfaitement informés sur les conditions d'offre et de demande des autres concurrents[31].

En Droit comparé, la conception des objectifs du droit de la concurrence, et plus généralement de la politique antitrust d'un pays, explique pour beaucoup certains choix faits par le législateur en faveur de la protection du consommateur. En Europe, la décision *Courage* a marqué un tournant décisif en acceptant que le consommateur ne soit pas simplement un spectateur de la régulation de la concurrence, mais bien un acteur de ce jeu en réclamant la juste indemnisation qui résulte d'un acte anticoncurrentiel.

La directive de 2014 n'est que l'aboutissement de ce point de vue sur le droit de la concurrence. L'objectif social, c'est-à-dire la prise en compte des plus faibles par le droit, et non simplement économique, du droit de la concurrence européen véhiculé

---

[31] Marie RIGAL, « La protection du consommateur par le droit de la concurrence », Master 2 Consommation et Concurrence, UMPI, Année universitaire 2010-2011, p.7

par la directive, démontre que le *private enforcement* est le témoin de cette évolution. En acceptant que le consommateur final ait un droit de regard effectif sur le processus concurrentiel dès lors qu'il en résulte pour lui un préjudice, le législateur européen donne à sa politique de concurrence une portée sociale.

La concurrence est en elle-même une situation saine, normale et utile. Encore faut-il qu'elle ne soit pas faussée par l'utilisation de procédés déloyaux et que les agents économiques ne soient pas abandonnés à eux même. L'expérience montre en effet que les entreprises ont depuis longtemps compris l'avantage qu'il peut y avoir à s'entendre plutôt qu'à se combattre. C'est un paradoxe du libéralisme économique: la liberté de la concurrence doit être garantie par un dispositif législatif contraignant[32].

La consommation est l'acte d'utilisation des richesses par opposition aux actes de production. C'est l'utilisation de biens et de ressources dont on ne peut se servir qu'en les détruisant ou en les transformant pour la satisfaction des besoins ou des désirs de l'homme. Au sens de la théorie classique le consommateur demeure un agent final: un individu qui gagne un certain revenu, doté d'un certain nombre de besoins qu'il essaie de satisfaire et achetant sur le marché un certain nombre de biens et services.

A l'inverse, les théoristes modernes appréhendent le consommateur comme un individu qui anticipe: le consommateur est caractérisé par sa faculté de choisir sur un marché concurrentiel. Économiquement le consommateur est donc considéré comme le moteur de la compétition entre les entreprises concurrentes: il sanctionne la compétition à laquelle se livrent les offreurs par ses choix sur le marché. C'est l'attitude du consommateur qui donne son efficacité au mécanisme concurrentiel. Le consommateur joue alors un rôle majeur car économiquement il assure la fonction de demande. « La libre expression des choix par les demandeurs joue un rôle crucial dans l'économie de marché.

[32] Concurrence et consommation, Y.SERRA & J.CALAIS AULOY, Dalloz, 199

Elle oriente les ressources vers les emplois les plus appréciés et permet aussi d'obtenir l'efficience économique». La conséquence reste que le consommateur est «l'alpha et l'oméga de la concurrence: celui vers qui est orientée la compétition des entreprises et celui qui la sanctionne par ses décisions ». Pour les économistes libéraux, l'organisation et le fonctionnement de l'activité économique visent à la satisfaction des consommateurs. Le jeu de la concurrence doit assurer à ces derniers le bénéfice du prix le plus bas et le meilleur rapport qualité-prix. Les consommateurs seraient donc les bénéficiaires du développement de la concurrence ou les victimes de l'absence ou des limitations de celle-ci.

Pourtant on peut se demander pourquoi l'on associe systématiquement la notion de concurrence et la notion de consommateur lorsque l'on sait que le bon fonctionnement du marché, l'intérêt des entreprises et la protection des consommateurs ne coïncident pas nécessairement et peuvent même avoir des objectifs contradictoires: alors que l'entreprise recherche l'augmentation de ses marges, le consommateur visent à obtenir les meilleurs produits au meilleur prix. Il n'en demeure pas moins que le droit de la concurrence et de la consommation de rejoignent sur de nombreux points car les phénomènes économiques ont un impact tant sur les entreprises que sur les consommateurs et peuvent donc être analysés du point de point de vue des acteurs concurrents ou des acteurs consommateurs.

La liberté de commerce et de l'industrie est garantie en République démocratique du Congo. Elle s'exerce dans le cadre de la liberté de prix et de la libre concurrence conformément aux règles fixées par la présente loi. La liberté de prix donne le droit à toute personne exerçant une activité économique ou commerciale de fixer le prix de son bien ou service dans les conditions prévues par la présente loi. La liberté de concurrence implique le droit pour toute personne d'exercer une activité économique ou commerciale de son choix aux conditions qu'elle juge compétitives, qu'elle fixe librement sous réserve des restrictions légales. Son exercice ne doit porter atteinte ni à la protection de la propriété industrielle et intellectuelle, ni aux droits légitimes des tiers[33].

§2. La liberté du commerce et de l'industrie

Difficile de classer, d'appréhender simplement la liberté du commerce et de l'industrie. Son appellation a perduré depuis l'époque révolutionnaire mais pas son contenu. Sans prendre partie en faveur d'une interprétation doctrinale particulière et dans l'unique but de mettre en valeur sa place dans l'arsenal juridique contemporain, deux points sont à préciser : la portée de la liberté du commerce et de l'industrie ainsi que son rôle dans le système économique.

A. Position du problème

Résultat d'une évolution, la liberté du commerce et de l'industrie dont la valeur est encore incertaine a aujourd'hui une portée différente de celle attribuée lors de sa genèse. L'interdiction pour les activités des personnes publiques de concurrencer celles des personnes privées a cédé la place à « l'interdiction de fausser le jeu de la concurrence ». Ce n'est plus désormais l'existence de la concurrence sur le marché qui est sanctionnée mais son exercice[34].

Cette interprétation finalement retenue de la liberté du commerce et de l'industrie par les jurisprudences administrative et judiciaire est appréciée par les auteurs comme « une dérive du principe »[35]. Un tel changement de politique ne pouvait que choquer ceux qui voyaient en la disposition du décret d'Allarde des 2-17 mars 1791 une protection des personnes privées contre un interventionnisme immodéré des personnes publiques. Pour d'autres, la liberté du commerce et de l'industrie n'était pas

---

[33] Les articles 3 et 4 de la Loi organique n° 18-020 relative à la liberté des prix et à la concurrence (J.O.RDC., 23 juillet 2018, n° spécial, col. 105)

[34] F. DREYFUS, *La liberté du commerce et de l'industrie*, éd. Berger-Levrault, coll. l'administration nouvelle, 1973, p. 10.

[35] D. LOSCHAK, « Les problèmes juridiques posés par la concurrence des services publics et des activités privées », AJDA 1971, Doct., p. 270

un principe général du droit malgré les références expresses mais rares faites par la Cour de cassation et par le Conseil d'État[36].

Une autre doctrine, moins tempérée face à la même évolution, annonça le « déclin » de la liberté du commerce et de l'industrie. Son respect pouvait être trop souvent écarté pour des nécessités d'ordre public, par disposition expresse ou implicite de la loi ou par le pouvoir réglementaire autonome[37]. Cette « quasi-désuétude », conséquence d'une interprétation « contournée dans les faits » et « contraire à des normes supérieures », fut celle de la liberté du commerce et de l'industrie en tant que fondement du principe de non-concurrence. La nouvelle version a su s'adapter au marché en trouvant un compromis avec l'interventionnisme économique.

Même si la direction prise par son évolution est source de controverses, sa portée fait en revanche l'unanimité. La liberté du commerce et de l'industrie sert de fondement à l'application des règles et des principes concurrentiels à l'encontre des activités des acteurs publics qui pourraient soit fausser la concurrence, soit la supprimer. Il semble possible d'affirmer que cette liberté est « mère » d'un droit de la concurrence issu à la fois du droit privé et du droit public. Son importance est à la fois justifiée par le fait qu'elle est encore considérée comme une liberté publique sur laquelle les juridictions administratives n'ont de cesse de se prononcer, ainsi que par la nature publique des personnes morales en cause. Cette position incontestable mais difficile à reconnaître dans l'arsenal juridique est considérée comme le fondement de notre système économique[38].

B. Le soubassement historique et social

Pour un régime de libre concurrence, tel serait le postulat résumant la liberté du commerce et de l'industrie. Les acteurs du jeu concurrentiel étant désormais connus et reconnus, le système économique part sur de nouvelles bases. Rattachée « au dogme

---

[36] Cass. com., 22 octobre 1985, Bull. n° 245 ; C.E., 9 novembre 1989, Territoire de la Polynésie fran (...)
[37] R. SAVY, « Le contrôle juridictionnel de la légalité des décisions économiques de l'administration », AJDA 1972, Doct., p. 6.
[38] FR.TERRE, *Introduction générale au droit*, Précis, Dalloz, 4e éd, 1998, p.159.

libéral » parfois à forte « coloration politique »[39], symbole de fusion entre l'idéologie démocratique, le concept économique et l'individualisme[40], elle est la « pierre angulaire de l'économie »[41].

L'intérêt de cette présentation est d'aboutir à une conclusion unique, résultat de raisonnements distincts. Son importance constitutionnelle est donc différente de sa valeur économique. En cette fin de 20e siècle, ses corollaires ne peuvent être limitativement énumérés. Cette extension dénote une richesse et une influence juridique impressionnante, armature du système économique actuel. Leur présentation suffira à en faire apparaître les divers aspects, associés par la suite au problème particulier rencontré avec les personnes publiques.

La liberté d'entreprendre est une « règle à valeur constitutionnelle »16 qui n'est « ni générale, ni absolue ». Elle découle directement des termes de l'article 7 du décret d'Allarde. Cette libre entreprise longtemps réservée aux particuliers a été un instrument d'interdiction, puis de limitation de l'interventionnisme économique des personnes publiques strictement encadré par le principe de spécialité. La libre concurrence ou la liberté de concurrencer, selon le sens privilégié, est aussi textuellement tirée de la disposition de 1791. L'exercice de cette compétition ne doit pas outrepasser les limites de la légalité et de la loyauté dans le choix des moyens. Cette « liberté des instruments de concurrence » ne peut donc être illimitée[42].

La liberté du travail est inhérente à la liberté du commerce et de l'industrie et amène logiquement à la liberté contractuelle : « les compétiteurs doivent pouvoir en principe conclure les contrats qu'ils veulent aux conditions de leur choix »[43]. Est également mis en lumière le principe d'égalité. Égalité notamment dans l'accès au marché qui s'impose à la puissance publique alors contrainte de respecter les règles de

[39] Explication donnée par Mme D. Maillot, La place de la liberté du commerce et de l'industrie en droit administratif français, thèse dactylographiée, Paris, 1964, p. 319, conclusion.
[40] Fournier, conclusions sous C.E., 26 juin 1959, Rev. dr. publ. 1959, J., p. 1015, ce qui va à l'encontre des dispositions du préambule de la Constitution de 1946.
[41] M. KDHIR, *Le principe de la liberté du commerce et de l'industrie : mythe ou réalité ?*, D. 1994, Chron., p. 30
[42] J. AZEMA, *Le droit français de la concurrence*, PUF, coll. Thémis droit, 1989, n° 132.
[43] Y. SERRA, *La non concurrence en matière commerciale, sociale et civile (Droit interne et communautaire*, Dalloz, coll. Affaires, 1991, n° 2.

concurrence. L'association de tous ces principes a façonné le droit de la concurrence. Ils ont désormais vocation à s'appliquer indistinctement aux personnes privées et aux personnes publiques exerçant dans les mêmes conditions[44].

§2. La liberté en matière de fixation de prix

A. Notions de base

Les prix des biens et services sont librement fixés par ceux qui en font l'offre. Ils ne sont pas soumis à homologation préalable mais doivent, après qu'ils aient été fixés, être communiqués, avec le dossier y afférent, au ministre ayant l'économie nationale dans ses attributions, pour un contrôle a posteriori. Par dérogation, les prix des hydrocarbures et des transports publics sont fixés par le ministre ayant l'économie nationale dans ses attributions tandis que les prix de l'électricité et de l'eau sont fixés conjointement par les ministres ayant l'économie nationale, l'électricité et l'eau dans leurs attributions. Pour le transport public, il peut déléguer cette compétence aux gouverneurs des provinces[45].

Il sied de noter que sur proposition du ministre ayant l'économie nationale dans ses attributions, le Gouvernement peut, en vue de lutter contre les hausses excessives de prix, réglementer les prix des biens et services lorsque le jeu de la concurrence ne peut plus être maintenu en raison de situations de monopole de fait ou de restriction sévère de l'offre. Dans une situation de crise, de calamité naturelle ou des circonstances exceptionnelles provoquant ou menaçant de rompre l'équilibre du marché par une désorganisation des capacités d'approvisionnement et de stockage des produits, le Gouvernement peut, sur proposition du ministre ayant l'économie nationale dans ses attributions, réglementer les prix des biens et services.

[44] M. Bazex, « Problématique générale de l'intervention des opérateurs publics dans une économie de concurrence, intervention lors du colloque Secteur public et concurrence », Actes publiés in Petites Affiches 1988, n°sp, 100, p. 5.
[45] Les articles 6 et suivants de la loi organique n° 18-020 relative à la liberté des prix et à la concurrence (J.O.RDC., 23 juillet 2018, n° spécial, col. 105

B. Fondement juridique

Au regard du décret-loi des 20.03.1961 portantes législations générales sur les prix, il est laissé aux professionnels, la latitude de fixer les prix de leurs marchandises sous réserve du respect de la loi. En d'autres termes, l'Etat congolais dans son rôle de protection des consommateurs contre les abus des commerçants, a institué sur toute l'étendue de la République, les prescriptions relatives aux prix. L'article 2 du décret-loi sous examen dispose que : « les prix de vente de produits et services ; sont librement fixés par ceux qui font l'offre, en se conforment aux dispositions du présent décret-loi et à ses mesures d'exécution.

Ils ne sont pas soumis à homologation préalable mais doivent après qu'ils été fixé, être communiqué avec tout le dossier y afférant, au commissaire d'Etat ayant l'économie nationale dans ces attributions détermine les modalités de calcul et de fixation des prix ainsi que le marge bénéficiaire maximum autorisée aux commerçant autres que les producteurs des biens ou des services. Il peut le cas échéant déléguer ce pouvoir aux gouverneurs des provinces » Cet article prouve le souci du législateur de vouloir mettre de l'ordre dans le domaine économique.

La marge bénéficiaire diffère selon qu'il s'agit des produits importés o industriels : la liste de tous les produits est réglementée par les dispositions de l'arrêté départemental n° BCE/ENI/OO18/76 du 30.03.1976 relatif aux marges bénéficiaire en R.D.C. Disons-le lors qu'aux termes de l'article 10 de l'arrête ministériel n° 017/CAB/MENIPEM/96 du 20.03.1961 relatif aux prix, les marges bénéficiaires applicables aux prix de revient d'un produit industriel est à 25 % pour la production artisanale. Pour les produits, médicament importés, la marge bénéficiaire est, à titre exemplaire de 20% pour les grossistes et de 33% du prix du revient pour les détaillants.

C. Autres obligations à observer

Dans une note circulaire n° 002/CAB/ MIN/ECO-NAT/2002 du 31.01.2004 tenue à l'intention des opérateurs économiques (tous), le ministère de l'économie nationale rappelle aux intéressés que : l'affichage du prix des produits exposés est obligatoire. La publicité du tarif des prestations offertes au public à l'exception de celles qui relèvent de l'exercice d'une profession libérale, l'établissement et la remise à l'acheteur ou au client d'une facture détaillée sont obligatoire (c'est le contenu de l'article 7 du décret-loi sous examen).

Nous pouvons noter que, le législateur en imposant l'affichage des prix, vise un but exprimé en ces termes : « comme tout contrat, la vente suppose existence d'une rencontre des volontés de l'acheteur et du vendeur. La volonté de chacune des parties doit non seulement exister mais être saine et libre. Cette liberté passe d'abord par une bonne information de l'acheteur qui se matérialise ensuite par l'affichage des prix et se traduit enfin par Le ministre renchérit, qu'il est interdit d'offrir des marchandises ou produits en vente ou des prestations de service qui soient inferieurs en quantité ou en qualité à ceux factures. Par ailleurs, notons que le décret-loi sous examen ne définit pas le prix au sens large[46].

§3. La répression de la concurrence déloyale

A. Les actes de concurrence déloyale

A la lecture des articles 41 et suivants de la loi sur la concurrence, il ressort que sont constitutifs de la concurrence déloyale les actes ci-après: le dénigrement; la désorganisation de l'entreprise rivale par des procédés commerciaux illégitimes; l'utilisation illégitime de la réputation d'autrui; la vente avec prime; la vente avec boule de neige.

[46] Toutefois son article 5 se borne à définir ce qu'on entend par prix illicite ; son alinéa 2 dispose qu'est considéré comme prix normal : « le prix qui entraine la réalisation d'un bénéfice anormal, même si ce bénéfice est égal ou inférieur au prix ou à la marge bénéficiaire éventuellement fixée par arrêté Maigres l'existence de ces obligations imposées aux professionnels, l'on constate par ci, par là l'application des prix illicites, voir anormaux.

1. Le dénigrement

Le dénigrement porte sur la personne du concurrent, les produits, les services ou sur l'entreprise elle-même. La personne, le produit ou le service visé par le dénigrement doit être nommément désigné ou à tout le moins aisément identifiable.

2. La désorganisation de l'entreprise

La désorganisation de l'entreprise rivale consiste à l'affaiblir en portant atteinte à ses moyens de production ou de commercialisation par des procédés commerciaux illégitimes notamment:

- la divulgation de secret de fabrication;
- l'atteinte au savoir-faire;
- le débauchage du personnel;
- le détournement des commandes;
- l'entrave à la publicité;
- la pratique des prix d'appel lorsque celui-ci s'accompagne de tromperie ou du dumping;
- le couponnage électronique;
- l'utilisation de la marque d'autrui à titre de promotion;
- la méconnaissance d'une convention d'exclusivité.

3. **L'utilisation de la réputation d'autrui pour conquérir et conserver une clientèle est illégitime lorsqu'elle est basée sur:** l'imitation servile; la concurrence parasitaire et les agissements parasitaires.

L'imitation servile tendant à créer la confusion sur les produits, la présentation des produits, les signes distinctifs, les emballages, le nom commercial et la publicité est constitutive d'une concurrence déloyale. La bonne foi de l'auteur de l'imitation consistant en l'ignorance de l'existence du produit ou l'absence d'une intention de créer la confusion n'est pas un fait justificatif de la concurrence déloyale qui en résulte. L'imitation n'est cause de concurrence déloyale que lorsque le signe distinctif ou la marque imitée ne fait pas l'objet d'un droit privatif ouvrant droit à une protection par une action en contrefaçon. L'action en protection du signe distinctif ne peut être cumulée avec l'action en concurrence déloyale que si l'utilisation du signe distinctif est assortie des circonstances détachables qui le justifient[47].

B. Autres pratiques anticoncurrentielles

1. Les ententes anticoncurrentielles

Une pratique anticoncurrentielle est celle qui est susceptible d'empêcher, de fausser ou de restreindre, de manière sensible, l'exercice de la concurrence au niveau du marché intérieur. Il y en a de quatre sortes : les ententes anticoncurrentielles, l'abus de position dominante, l'exploitation de l'état de dépendance économique et les pratiques restrictives de concurrence. Les ententes anticoncurrentielles sont des « accords ou des concertations ayant pour but ou pour résultat de limiter la concurrence sur un marché ».

2. Les abus de position dominante

La « position dominante » est la situation d'une entreprise (ou un groupe d'entreprises) qui dispose d'un monopole de droit ou de fait 11, d'un avantage concurrentiel tel que cette entreprise (ou ce groupe) a le pouvoir de faire obstacle au maintien de la concurrence effective sur le marché, en raison de sa force économique, financière ou technologique. L'abus de position dominante consiste, pour une entité économique, à occuper un marché afin de tirer profit de sa position.

---

[47] Est constitutif d'actes de concurrence déloyale pour concurrence parasitaire, le fait pour:- quiconque de se placer dans le sillage d'un concurrent pour exploiter le même type de clientèle en créant la confusion qui lui permet de détourner à son profit une clientèle; - une entreprise, en l'absence d'une concurrence entre deux entreprises, de créer la confusion sur l'origine des produits, par dérogation au principe de la spécialité des marques, en vue d'acquérir une clientèle sans effort particulier

3. L'exploitation abusive de l'état de dépendance économique

Une entreprise est en état de dépendance économique lorsqu'elle ne peut s'approvisionner, en raison des caractéristiques des liens commerciaux, en produits substituables dans les conditions normales d'acquisition auprès d'un autre fournisseur. Il en est de même d'un fournisseur qui ne peut trouver un distributeur, en raison des caractéristiques des liens commerciaux, dans les conditions équivalentes. L'exploitation abusive de l'état de dépendance économique est interdite, au même titre, que l'abus de position dominante[48].

4. Les pratiques restrictives de la concurrence

Les pratiques restrictives de la concurrence sont : l'imposition d'un prix minimal de revente, le refus de vente entre professionnels et les pratiques discriminatoires de vente. L'imposition d'un prix minimal de vente est interdite en ce qu'elle est préjudiciable aux consommateurs. Le refus de vente reste interdit12, à moins qu'il ne soit justifié par une disposition légale, la mauvaise foi du demandeur, le caractère inhabituel de la demande ou l'indisponibilité du produit.

Sont constitutifs de pratique discriminatoire de vente, à l'égard d'un partenaire, le fait d'obtenir, de lui, des prix abusifs, d'abuser d'une relation de dépendance ou d'obtenir des conditions dérogatoires de manière illicite. Il en est de même du fait de rompre, abusivement, des relations commerciales établies ou d'établir un réseau de distribution sélective ou de distribution exclusive. La preuve de la discrimination incombe à la victime. Par ailleurs, ces pratiques sont érigées en infractions.

5. Les concentrations économiques

La concentration économique résulte de tout acte ou moyen qui confère, à une entité économique, la possibilité d'exercer un contrôle ou une influence déterminante sur une ou plusieurs autres entreprises. Elle consiste « en un regroupement

[48] Article 32 et 33 de la loi organique n° 18-020 du 9 juillet 2018 relative à la liberté des prix et à la concurrence.

d'entreprises entraînant une modification durable des structures de marché, une perte de l'indépendance des différentes entreprises regroupées et un renforcement du pouvoir économique de l'ensemble ». La concentration est une technique économique dont les modalités les plus courantes sont : le transfert de la propriété d'une entreprise, la création d'une entreprise commune et la création des groupes d'entreprises[49].

Parmi les sortes de concentration on peut citer :

- **Transfert de la propriété ou des droits sur une entreprise**

Le transfert de la propriété d'une entreprise confère la propriété ou la jouissance des droits (et obligations) d'une entreprise. Il peut être universel en cas de fusion-réunion ou de fusion-absorption ou à titre universel (en cas de scission des sociétés). C'est pourquoi, le contrôle des fusions est un « aspect majeur du régime de la concurrence »[50].

- **Création d'une joint-venture**

L'accord tendant à la création de l'entreprise commune pour l'exploitation d'une activité économique est appelée « joint-venture ». Cet accord stipule généralement l'objectif économique commun recherché par les parties, la mise en commun des moyens pour y parvenir, la participation de chaque partie aux décisions concernant l'activité commune, la mise en exergue du rôle du leader de la coentreprise ainsi que la confiance entre les parties.

- **Acquisition du contrôle et formation d'un groupe d'entreprises**

La création des groupes d'entreprises est l'une des techniques les plus efficaces pour la prise de contrôle d'un marché. Un groupe de sociétés est un ensemble formé par des sociétés unies entre elles par des liens divers permettant à l'une d'elles de contrôler les autres. En constituant un groupe de sociétés, on sous-entend la réalisation

[49] JEAN-BENARD BLAISE et RICHARD DESGORCES, *op.cit.* p. 345
[50] Y. QUINTIN, *Les fusions-acquisitions aux USA*, Bruylant, Bruxelles, 2005, p. 79.

des objectifs de compétitivité tels qu'une présence plus importante sur un marché, l'accès et la conquête de nouveaux marchés, la recherche d'avantages fiscaux, la limitation ou le partage des risques[51].

La société qui contrôle les autres sociétés jouit des droits ou des contrats qui lui assurent une influence sur la composition, les délibérations ou les décisions des organes de toutes les autres entreprises membres du groupe. Cela est possible par le fait que la loi permet aux personnes morales d'être dirigeantes d'autres personnes morales. Toutefois, chaque société membre du groupe conserve son indépendance juridique, car le lien qui les unit est essentiellement économique.

C. Le Régime de sanction

Lorsque, par un acte contraire aux usage honnêtes en matières commerciale ou industrielles, un commerçant , un producteur, un industriel ou un artisan porte atteinte au crédit d'un concurrent ou lui enlève sa capacité de concurrence, le tribunal de première instance , sur poursuite des intéressés, ou de l'un d'eux ordonne cessation de l'acte.

1. **Les éléments à prendre en compte :** l'acte est compris comme tout action adaptée à une fin de caractère volontaire ou involontaire, et considère comme un fait objectif. C'est aussi une décision, opération destinée à produire des effets de droit (acte juridique).
2. **La notion des usages honnêtes en matière commerciale**

Cette notion est une innovation en droit positif congolais. Elle renvoie non seulement à la protection désintérêts individuels des professionnels, mais elle fait également allusion à l'ordre public « économique en général. Ceci implique que, contrairement à certaines doctrines qui pensaient que le droit de l concurrence ne protège que les commerçants, le droit positif congolais innove en protégeant l'ordre

[51] V. KALUNGA et S. MORTIER, *Précis de droit OHADA des sociétés. Focus sur la République démocratique du Congo*, V.A. Editions, Versailles, 2020.

public en général : bref, les professionnels et les consommateurs sont censés être protégés par les dispositions de la présente ordonnance loi.

3. L'organisation des poursuites

Il revient à la partie lésée par l'acte de concurrence déloyale qui peut saisir le tribunal pour la cessation de cet acte. Cette réflexion est au loin de nous amener à une solution certaine et prompte quant à la lutte efficace contre la concurrence en droit positif congolais. Ainsi, l'on peut se poser la question de savoir quel serait le rôle du magistrat lorsque l'ordre public économique est troublé ? Cette interrogation mérite d'être soulevée étant donné qu' »en droit positif congolais, parmi les modes voisines de saisine, lorsqu'il y a trouble de l'ordre public, le ministère public peut Même se saisir d'office.

D. Les sanctions

En matière de concurrence les sanctions varient selon l'acte posé. Toutefois, il convient de noter que l'application du droit commun est toujours de mise[52].

1. L'action en responsabilité civile

L'action en responsabilité civile est fondée sur !l'article 258 du code civil livre 3. En effet, l'exercice de cette action appartient au seul concurrent lésé. Il est indiqué que les conditions habituelles préalables soit recevables, la partie lésée doit démontrer la faute, le préjudice et le lien de causalité. En effet, le législateur ne fait aucune distinction entre faute dolosive et la faute intentionnelle, résultant d'une imprudence ou d'une négligence.

Quant au préjudice, il résulte d'une atteinte à la clientèle. La doctrine estime que le préjudice éventuel est insuffisant pour donner droit à des dommages et intérêts. En revanche, il est insuffisant pour justifier une injonction de cessation. Le préjudice nécessite que la faute et le dommage puisse se situer au niveau des opérateurs

[52] Les articles 60 et suivants de la loi n° 18-020 relative à la liberté des prix et à la concurrence (J.O.RDC., 23 juillet 2018, n° spécial, col. 105)

économiques exerçant des activités similaires. Par ailleurs, l'action en responsabilité civile est susceptible d'entraîner les effets suivants : l'allocation des dommages et intérêt, la cessation des procédés malhonnêtes et la publication du jugement de condamnations du commerçant malhonnêtes.

2. L'action en cessation

L'action spéciale en cessation est fondée sur l'ordonnance loi de 2018 relative à la concurrence déloyale. A notre avis, elle constitue la sanction la plus importante. L'action en responsabilité civile étant en soi une action en dommages et intérêts est exclue lorsque le préjudice n'est pas effectivement réalisé. Ainsi, la protection contre les attaques éventuelles d'un concurrent peut résulter d'un ordre du juge, adressé à la partie en faute, de cesser telle activité ou de prendre telles précautions qu'il indique. Toutefois, pour être efficace, il faut que l'ordre du juge soit obtenu rapidement.

En effet, dès que la décision du juge est « coulée en force de chose jugée », tout manquement aux injonctions ou aux interdictions contenues dans la décision est puni de peine d'amende. En outre, l'affichage du jugement pendant un délai déterminé à l'intérieur des établissements du contrevenant est à ses frais, peut être ordonné tribunal. Par ailleurs, il convient de la théorie de l'abus de droit. En effet, tout opérateur économique peut s'emparer de la clientèle de son concurrent, en vertu du principe de la liberté de commerce. Mais, il doit suivant les moyens loyaux, sans pour abuser de son droit d'action. L'imperfection des procédés classiques La faiblesse des procédés classiques se situe a deux niveau.

D'une part, au niveau du nombre limité des personnes qui ont la qualité d'exercer l'action en justice et d'autre part, au niveau des conditions rigoureuses pour le recevabilité de cette action qui suppose au préalable la réunion de trois conditions à savoir : la faute, le préjudice, le lien de causalité entre ces deux éléments à l'état actuel du droit congolais, les théories classiques de responsabilité civile et de la concurrence déloyale n'apportent.

Aux consommateurs et aux concurrents qu'une faible protection contre les comportements déloyaux. Cela en raison du nombre limité des sujets actifs des actions fondées sur ces théories et de la rigueur des conditions d'exercice de ces actions. Il est aussi indiquer de relever une autre faiblesse qui consiste à apprécier la faute eu égard à la violation non pas d'une norme légale mais d'un usage qui souvent ne sont pas codifiés aussi, la référence aux seuls usages professionnels peut aboutir à des solutions de type corporatiste.

Ainsi, l'amélioration des procédés de lutte contre les pratiques abusives dans la compétition concurrentielle passe par l'élargissement du champ des personnes habilitées à introduire l'action en justice ainsi que par l'assouplissement des conditions de son exercice. En effet, la recevabilité de l'action en cessation ne doit pas nécessairement être subordonnée à l'existence d'un lien de concurrence entre l'auteur et la victime de l'acte déloyale. Car l'action en cessation a pour but de sauvegarder non seulement des concurrents mais aussi l'intérêt des consommateurs. IL importe de réfuter la tendance de la jurisprudence de déclarer irrecevable l'action de groupements professionnels, parce que les intérêts seraient soit l'intérêt général, soit leur intérêt proprement statutaire[53].

[53] Il sied de reconnaître à ces groupements la qualité d'agir dès lors qu'ils ont la personnalité civile et un intérêt certain. Ainsi, nous estimons qu'il faut opter pour une interprétation extensive de l'action en responsabilité civile et celle en cessation. Il conviendrait de considérer que l'existence d'une faute serait suffisante pour intenter une action judiciaire.

DEUXIEME PARTIE : SYSTEME DE CONTROLE DES ALIMENTS EN RDC

CHAPITRE I. SECURITE ALIMENTAIRE : UN DEFI MAJEUR DES CONSOMMATEURS CONGOLAIS

SECTION I. SECURITE OU INSECURITE ALIMENTAIRE EN RDC ?

§1. Ce qu'il faut savoir sur les deux notions

Parler de sécurité alimentaire sous-entend une accessibilité des aliments en qualité et en quantité suffisante pour l'alimentation par une personne ou un groupe de personnes sans discrimination de sexe, d'âge, d'appartenance ethnique, religieuse ou sociale. En effet, l'accessibilité physique alimentaire signifie que l'alimentation est disponible au courant de l'année (sans interruption). L'accessibilité économique réfère à la capacité des ménages de générer un revenu suffisant pour se nourrir et pour réaliser les autres droits de base (santé, éducation, divertissement, etc). Il s'agit plus que de l'autosuffisance alimentaire.

Il s'agit du droit de pouvoir assurer librement sa sécurité alimentaire dans le respect des valeurs sociales, culturelles et stratégiques (souveraineté alimentaire) dans une démarche communautaire, impliquant les familles (ménages), les groupements de base, le village, la région, le pays. L'Etat est l'ultime responsable pour assurer que la sécurité alimentaire serait réalisée et protégée pour ses citoyens en ce qui concerne la disponibilité et l'accessibilité des vivres,, les politiques et pratiques agricoles et sociales. Raison pour laquelle à l'échelle nationale comme régionale, la mise en place d'une alerte précoce constitue l'un des défis de la lutte contre la faim (FAO (2008), Banque mondiale (2008 et 2009), Oxfam (2011)[54].

La sécurité sanitaire des aliments, la nutrition et la sécurité alimentaire sont inextricablement liées. Les aliments insalubres créent un cercle vicieux de maladies et de malnutrition, touchant particulièrement les nourrissons, les jeunes enfants, les

[54] VREDESEILANDEN- SOS-FAIM, « La sécurité alimentaire en RD Congo. Contribution des ONGs partenaires à la Table-ronde de Kinshasa » du 19 au 20 mars 2004, p.9.

personnes âgées et les malades. On estime que 600 millions de personnes, soit près d'une sur 10 dans le monde, tombent malades chaque année après avoir consommé des aliments contaminés, que 420 000 en meurent et qu'il en résulte la perte de 33 millions d'années de vie en bonne santé. Les maladies d'origine alimentaire entravent le développement socio-économique en sollicitant lourdement les systèmes de soins de santé, et en portant préjudice aux économies nationales, au tourisme et au commerce.

L'insécurité alimentaire désigne la situation des populations qui sont en deçà du seuil requis pour s'alimenter à partir de leur propre production et ou de leur épargne, parfois, de vendre leurs moyens de production ou de solliciter la solidarité. Il existe deux types d'insécurité alimentaire, à savoir l'insécurité alimentaire chronique et temporaire. Elle est chronique, lorsque cette insécurité caractérise des individus et groupe qui souffrent en permanence d'une alimentation déficiente. C'est-à-dire difficulté de satisfaire leur besoin nutritionnel de manière contenue. Cependant, l'insécurité alimentaire est temporaire lorsque l'impossibilité pour les individus ou groupes de satisfaire momentanément leur besoin nutritionnel.

C'est-à-dire instabilité de prix de denrée ou de production suite à la vulnérabilité des individus d'une population, cette vulnérabilité peut être causée par des factures divers: chez les paysans la sécheresse, attaque acridiennes, inondation, décès, maladie des hommes et des animaux, d'augmentation des intrants ou parfois engrain, rareté de récolte de cueillette etc.

Par contre, on parle d'une sécurité alimentaire et nutritionnelle lorsqu'il existe chez tous les individus ou groupes à tout moment, un accès physique, social et économique, la quantité et la qualité consommée sont suffisant pour satisfaire les besoins énergiques et de préférence alimentaire des personnes. Le concept sécurité alimentaire remonte à la conférence internationale de Hot Springs (Etats-Unis), en 1943, avec comme ambition «mettre l'humanité à l'Abri du besoin alimentaire». Laquelle conférence devrait conduire à la création de la FAO en 1945 et de la déclaration universelle de droit de l'homme à l'alimentation.

§2. La sécurité sanitaire des aliments dans un monde en mutation

Les aliments impropres à la consommation constituent une menace pour la santé dans le monde, qui met en péril tout un chacun. Les nourrissons, les jeunes enfants, les femmes enceintes, les personnes âgées et les personnes atteintes d'une maladie chronique sont particulièrement vulnérables. Chaque année, 220 millions d'enfants contractent des maladies diarrhéiques et 96 000 en meurent. Les aliments impropres à la consommation créent un cercle vicieux de diarrhées et de malnutrition menaçant l'état nutritionnel des plus vulnérables.

La Conférence internationale sur la sécurité sanitaire des aliments qui s'est tenue en février 2019 à Addis-Abeba et le Forum international sur la sécurité sanitaire des aliments et du commerce qui a eu lieu à Genève en 2019 ont été l'occasion de rappeler l'importance de cette question pour parvenir aux objectifs de développement durable. Les pouvoirs publics devraient ériger la sécurité sanitaire des aliments en priorité de santé publique, car ils jouent un rôle crucial dans l'élaboration des politiques et des cadres réglementaires, ainsi que dans l'instauration et la mise en œuvre de systèmes efficaces pour garantir cette sécurité.

Les aliments peuvent subir une contamination à n'importe quel moment de la production ou de la distribution, et la responsabilité première incombe aux producteurs. Une forte proportion de maladies accidentelles d'origine alimentaire est toutefois due à une préparation impropre des produits ou à une mauvaise manipulation à domicile, dans les établissements de restauration ou sur les marchés. Les personnes qui manipulent les aliments ainsi que les consommateurs ne comprennent pas tous le rôle qu'ils doivent jouer, par exemple en adoptant des pratiques d'hygiène de base lorsqu'ils achètent, vendent ou préparent des denrées alimentaires, afin de protéger leur santé et celle de la communauté dans son ensemble.

La salubrité des approvisionnements alimentaires conforte les économies nationales, le commerce et le tourisme, contribue à la sécurité sanitaire des aliments et à la sécurité alimentaire, et sous-tend le développement durable. L'urbanisation et les changements d'habitudes en matière de consommation, y compris en matière de voyages, ont eu pour effet d'accroître le nombre d'acheteurs ou de consommateurs d'aliments préparés dans des lieux publics. La mondialisation a incité les consommateurs à demander davantage de produits diversifiés, ce qui s'est traduit par une chaîne alimentaire mondiale de plus en plus complexe et longue.

À mesure que la population mondiale s'accroît, l'intensification et l'industrialisation de l'agriculture et de la production animale destinées à satisfaire une demande alimentaire croissante suscitent à la fois des opportunités et des défis pour la sécurité sanitaire des aliments. Le changement climatique devrait aussi avoir une incidence sur la sécurité sanitaire des aliments.

Ces défis alourdissent la responsabilité qui pèse sur les producteurs de denrées alimentaires et les intermédiaires à l'égard de la sécurité sanitaire des aliments. Des incidents locaux peuvent rapidement dégénérer en urgence internationale vu la vitesse et la distribution des produits et leur étendue. Au cours de la dernière décennie, tous les continents ont connu de graves flambées de maladies d'origine alimentaire, souvent amplifiées par un commerce mondialisé[55].

§3. Constat en RDC

La République démocratique du Congo (RDC) est parmi les cinq nations les plus pauvres du monde[1] et demeure l'une des crises humanitaires les plus complexes et de longue date en Afrique, avec des conflits et des crises complexes et croisés qui continuent de déplacer des millions de personnes, surtout dans l'est du pays. Tout comme d'autres pays africains, la RDC est en train de subir les effets combinés des crises alimentaire et financière internationales, mais dans un contexte particulier qui découle à la fois de sa longue histoire de crise multiforme et de la spécificité de ses

[55] En 2017-2018, une contamination par Listeria monocytogenes de viande prête à consommer a ainsi entraîné 1060 cas de listériose et 216 décès en Afrique du Sud. Les produits contaminés ont été exportés dans 15 autres pays africains, ce qui a nécessité l'adoption de mesures de gestion du risque à l'échelle internationale.

contradictions internes quand on considère l'écart énorme qu'on observe entre les potentialités et les performances de l'économie nationale.

En effet, ce pays qui est reconnu mondialement détenir une capacité extraordinaire de pouvoir nourrir plus de deux milliards et demi de personnes, si on utilise suffisamment d'intrants, a aujourd'hui des difficultés croissantes pour pouvoir nourrir ses soixante-dix millions d'habitants. Le PAM (2017) renseigne qu'en RDC les principales crises alimentaires ont été attisées par des conflits, la flambée des prix des produits alimentaires et de fortes perturbations climatiques provoquées par le phénomène d'El Niño. Il y a lieu de reconnaître que la situation est alarmante en matière d'insécurité alimentaire en RDC.

Les inondations graves augmentent également les risques de maladies telles que le choléra et le paludisme et mettent les ménages dans l'insécurité alimentaire en raison de pertes de récoltes importantes. L'agriculture emploie 70 % de la population et les inondations s'accompagnent souvent de la dégradation des terres et des infrastructures due à l'érosion/glissements de terrain, qui réduisent les terres arables et la productivité agricole.

À long terme, le changement climatique devrait accroître le risque et l'intensité des inondations en RDC.[10] Vulnérabilités économiques Bien que dotés de ressources naturelles et minérales exceptionnelles, les Congolais ne bénéficient pas des richesses naturelles de leur pays et 60 millions de personnes (64 % de la population) vivent avec moins de 2,15 dollars par jour. Selon la Banque mondiale,[11] environ une personne sur six vivant dans l'extrême pauvreté en Afrique subsaharienne vit en RDC.

La hausse des prix mondiaux de l'énergie et des aliments en raison de la guerre en cours en Ukraine exerce des pressions à la hausse sur l'inflation intérieure, faisant passer le taux d'inflation moyen de 9,1 % en 2021 à environ 9,5 % en 2022. Les perspectives à moyen terme pour la RDC sont favorables, la croissance devrait s'accélérer pour atteindre 6,4 % d'ici 2024. Toutefois, l'économie de la RDC demeure vulnérable aux fluctuations des prix des produits de base et au rendement de croissance des principaux partenaires commerciaux, qui pourraient être perturbés par les conflits géopolitiques.

En RDC, le coût social et économique de la malnutrition en 2014 était environ de 1.637 milliards de CDF6. En clair, 1,7 milliards de dollars ont été perdus au cours de l'année 2014 suite aux conséquences de la malnutrition chez l'enfant. Ceci est équivalent à 4,56 % du PIB. Ce coût est essentiellement dû à la perte des capacités productives du fait des effets du retard de croissance parmi les personnes en âge de travailler et de la mortalité supplémentaire induite par la malnutrition soit 3,78 % du PIB. Néanmoins, le poids de cette malnutrition sur les secteurs de la santé (0,59% du PIB) et de l'éducation (0,19 % du PIB) représente de lourds fardeaux pour les ménages et le système public[56].

§4. Quelques causes d'insécurité alimentaire en RDC

Selon la FAO (2017), les principaux facteurs de cette situation sont notamment : la destruction et le pillage des stocks et des moyens d'existence lors des conflits armés, les déplacements massifs des populations, et la suspension des activités productives et commerciales qui entraînent des répercussions inévitables sur les capacités d'accès des ménages à la nourriture de base. Du reste, la persistance de l'insécurité et la volatilité du contexte laissent présager une très probable détérioration de la situation en 2018. Les causes de l'insécurité alimentaire en RDC, en effet, sont multiples et variées et sont fortement liées à l'état de pauvreté généralisée de la population.

Déjà à cette époque, il avait été relevé que toutes les provinces souffraient d'un manque d'infrastructures de base et des problèmes généraux du développement agricole et rural. L'éducation et les infrastructures sanitaires sont insuffisantes et, dans la plupart des cas, inaccessibles. Les zones enclavées sont donc en général très vulnérables aux chocs. Les facteurs politiques et les risques naturels contribuent aussi

[56] OCHA (2017). « Le coût de la faim en Afrique. L'incidence sociale et économique de la malnutrition en RDC », OCHA-WFP, p.12.

à la vulnérabilité des ménages. Tous ces risques se situent dans un contexte où l'agriculture est encore traditionnelle et contribue presqu'aux deux tiers de la consommation alimentaire des ménages. Les activités durables de survie sont principalement l'agriculture, la pêche, le petit commerce et le travail journalier. Ces activités sont malheureusement limitées en raison du manque de financement et de possibilités assez réduites de développement. Toutes les autres activités génératrices de revenus sont précaires et restent à l'état traditionnel et embryonnaire.

En résumé, les facteurs de l'insécurité alimentaire en RDC sont les suivants :

A. Conflit et insécurité

Les conflits armés et intercommunautaires, principalement à l'Est, ont continué de provoquer des déplacements de population ces derniers mois. Les activités armées continuent d'entraver l'accès et la disponibilité alimentaire de la population, particulièrement en Ituri, au Nord et au Sud-Kivu, dans la province de Maniema et de Tanganyika. Selon la Commission Mouvements de Population (CMP), en RDC, environ 5,5 millions de personnes sont déplacées, dont 1,29 millions depuis le début de 2022.

En effet, l'insécurité qui reste l'une des grandes causes de l'insécurité alimentaire en RDC ces deux dernières décennies. Hormis la province-ville de Kinshasa qui fait face à une insécurité de type urbain, les trois autres provinces font l'objet depuis plus ou moins vingt ans à l'insécurité due aux conflits armés et/ou intercommunautaires. Parmi les facteurs explicatifs de cette situation et qui conduisent forcément à exacerber l'insécurité alimentaire on peut citer : les tracasseries policières, les barrières de sécurité, l'instauration des taxes illégales par les bandes armées qui impactent négativement les AGR des populations rurales et contribuent à l'effritement de leur pouvoir d'achat. Dans la province de la Tshopo et à Pweto (Haut-Katanga), il arrive fréquemment que les conflits armés entraînent une cessation de toute activité économique si bien que les échanges commerciaux entre les centres urbains et les milieux de production deviennent impossibles[57].

B. Mauvaise infrastructure

Les infrastructures routières délabrées ou inexistantes qui contribuent à l'enclavement d'une grande partie de la population rurale rend la circulation des personnes, des marchandises ou de l'aide humanitaire, difficile voire impossible dans certaines zones. Par ailleurs la pauvreté endémique du pays contribue largement à cette insécurité alimentaire. Il s'agit ici des infrastructures ayant trait au désenclavement des milieux ruraux où se trouvent les principaux sites de production agricole et dont l'importance est capitale dans l'évacuation et la commercialisation des produits agricoles et comme puissant stimulant à la production pour le marché.

Dans l'ensemble des quatre provinces, les routes et voies de desserte agricole sont en état de dégradation très avancée. On note certes des efforts de réhabilitation par l'Etat mais en général, l'évacuation des produits agricoles est un casse-tête et influe négativement sur les prix des intrants agricoles d'une part, et ceux des denrées agricoles d'autre part.

C. Modicité du budget allouée au secteur agricole

Comme on le sait, aucune politique ne peut réussir sans les moyens de sa concrétisation. L'agriculture en RDC souffre cruellement des moyens à cause des maigres ressources qui lui sont allouées. Depuis plusieurs décennies, la part du budget affectée à l'agriculture n'a guère dépassé 3%. Comparé aux pays voisins dont au moins 10% du budget vont au secteur agricole, cet état condamne l'agriculture congolaise à s'enfoncer au fil des années mettant en péril la sécurité alimentaire nationale. En plus, un regard dans le cadre national de planification signale que sur les 19 domaines

[57] J. NKULU MWINE FYAMA et A. Parfait NGULUNGU NTALABULU, *Sécurité alimentaire et systèmes d'alerte précoce en RDC. Stratégies pour une meilleure prévention des crises alimentaires,* MÉDIASPAUL – Kinshasa, 2018, p.34

prioritaires en RDC l'agriculture n'est que 9è alors que des secteurs où l'opacité administrative et financière sont légion occupent des places de choix.

D. Chocs sur les activités agricoles

Outre les chocs liés aux risques climatiques tels que les inondations ou les épisodes de sécheresse qui limitent par endroit la production, les activités agricoles continuent d'être affectées par les maladies des cultures et les attaques par les attaques des insectes et autres prédateurs parmi lesquelles celles des animaux sauvages[58]. A ce propos, il faut dire que le faible investissement agricole marqué par l'utilisation d'intrants agricoles de faible capacité de production et des superficies assez réduites. En effet, la majorité des producteurs (plus de 80% pour l'ensemble du pays) n'utilise ni des semences améliorées10, ni engrais minéraux. La pauvreté monétaire est dans tous les cas la principale raison de ce comportement. Les semences améliorées à grand potentiel de production et les engrais minéraux sont importés et difficilement accessibles pour les paysans (pauvres) qui constituent plus de 70% des producteurs (FAO, 2016).

A titre illustratif, à Lubumbashi (Haut-Katanga), les besoins en semences améliorées et en engrais sont estimés à 350$/ha dans la culture de maïs alors que le revenu brut moyen du producteur est évalué à 675$/an11. En ce qui concerne la superficie agricole, on note partout de faibles étendues exploitées (moins de 1 ha) par les producteurs.

Dans le Haut-Katanga, la superficie moyenne est de 30 ares, au Sud-Kivu 23 ares, dans la province de la Tshopo 40 ares alors qu'à Kinshasa elle est estimée à seulement 35 ares. Comme on le voit la combinaison de ces deux causes entraîne de faibles niveaux de production qui ne garantissent pas, malheureusement, ni des stocks alimentaires convenables, ni des quantités autoconsommées adéquates, ni des offres

---

[58] IPC, « République Démocratique du Congo (Rdc) : Aperçu de la sécurité alimentaire et de la nutrition » juillet 2022 – juin 2023, p.3

alimentaires suffisantes sur les marchés locaux. C'est ce que Sen (2012) appelle le cercle vicieux du système agraire : la pauvreté de l'agriculteur le maintien dans la pauvreté.

E. Autres causes

Au-delà des causes structurelles, il existe également des causes ponctuelles, intermittentes, conjoncturelles qui expliquent l'insécurité alimentaire en RDC. Il s'agit de : la flambée des prix due à l'instabilité de la monnaie locale face à la devise américaine ; - les conflits armés inhérents à plusieurs causes dont l'incompréhension entre politiciens, la mauvaise gouvernance, l'injustice sociale, l'intolérance entre communautés, etc. ; - les tensions socio-politiques qui ont également un impact sur le niveau d'activités économiques y compris de l'agriculture étant donné la psychose qui s'empare des populations surtout à l'approche des élections au cours de cette année 2018 ; la concurrence des produits alimentaires importés des pays voisins[59] et vendus à des prix abordables sur les marchés nationaux qui tue à petit feu la production agricole locale et accroit le risque d'insécurité alimentaire au cas où les pays voisins exportateurs arrivaient à prendre des mesures d'autoprotection.

SECTION II. LES PRINCIPALES MALADIES D'ORIGINE ALIMENTAIRE ET LEURS CAUSES

§1. Notions générales

Les maladies d'origine alimentaire sont généralement infectieuses ou toxiques par nature et provoquées par des bactéries, des virus, des parasites ou des substances chimiques qui pénètrent dans l'organisme par le biais d'aliments ou d'eau contaminée. Les agents pathogènes d'origine alimentaire peuvent provoquer des diarrhées graves

[59] Ceci est régulièrement vécu dans la province du Haut-Katanga où les relations commerciales avec la Zambie souffrent constamment des humeurs de la politique économique interne. C'est également le cas avec la province de l'Ituri qui dépend énormément des denrées alimentaires importées de l'Ouganda

ou des infections débilitantes, dont la méningite. La contamination chimique peut entraîner un empoisonnement grave ou des maladies à long terme comme le cancer. Les maladies d'origine alimentaire risquent de conduire à une incapacité durable, voire à la mort. Les aliments crus d'origine animale, les fruits et les légumes contaminés par des déjections, ainsi que les crustacés crus contenant des biotoxines marines sont autant d'exemples d'aliments impropres à la consommation.

A. Bactéries

Salmonella, Campylobacter et Escherichia coli entérohémorragique figurent parmi les agents pathogènes d'origine alimentaire les plus courants qui touchent des millions de personnes chaque année et s'accompagnent de conséquences graves, voire mortelles. Fièvre, maux de tête, nausées, vomissements, douleurs abdominales et diarrhée en sont les symptômes. Les flambées de salmonellose sont notamment provoquées par les œufs, la volaille et autres produits d'origine animale. Les infections à Campylobacter sont principalement causées par le lait cru, la volaille crue ou pas assez cuite et d'autres boissons. L'Escherichia coli entérohémorragique est associé au lait non pasteurisé, à la viande pas assez cuite ainsi qu'aux fruits et aux légumes frais.

1. L'infection à Listeria

Elle entraîne des fausses couches chez les femmes enceintes ou le décès des nouveau-nés. Bien que l'occurrence de la maladie soit relativement faible, les conséquences graves et parfois fatales, notamment chez les nourrissons, les enfants et les personnes âgées comptent parmi les infections d'origine alimentaire les plus graves. On retrouve la Listeria dans les produits laitiers non pasteurisés et plusieurs denrées alimentaires prêtes à consommer ; elle peut se développer à des températures réfrigérées.

2. Le bacille Vibrio cholerae

Il infecte les personnes par de l'eau ou des aliments contaminés. Les symptômes sont notamment des douleurs abdominales, des vomissements et une abondante diarrhée aqueuse, lesquels peuvent conduire à une grave déshydratation, voire entraîner la mort. Le riz, les gruaux de millet et plusieurs variétés de fruits de mer ont été impliqués dans des flambées de choléra. Les antimicrobiens, comme les antibiotiques, sont essentiels pour traiter les infections provoquées par des bactéries. Cependant, leur utilisation abusive ou excessive dans la médecine vétérinaire et humaine est à mettre en corrélation avec l'urgence et la propagation de bactéries résistantes, qui rendent le traitement des maladies infectieuses inefficace chez les animaux et les êtres humains. Les bactéries résistantes pénètrent dans la chaîne alimentaire par le biais des animaux (la Salmonella via les poulets). La résistance antimicrobienne est l'une des principales menaces auxquelles est confrontée la médecine moderne.

3. Virus

Les infections à norovirus se caractérisent par des nausées, des vomissements irrépressibles, une diarrhée aqueuse et des douleurs abdominales. Le virus de l'hépatite A peut provoquer des maladies du foie de longue durée et a généralement pour vecteur les fruits de mer crus ou pas assez cuits ou d'autres produits crus contaminés. Les personnes infectées qui manipulent les aliments sont souvent la source de la contamination alimentaire.

4. Parasites

Certains parasites comme les trématodes liés à la consommation de poissons ne sont transmis que par l'alimentation. D'autres comme Echinococcus spp ou Taenia solium peuvent infecter les personnes via les aliments ou le contact direct avec les animaux. D'autres encore – Ascaris, Cryptosporidium, Entamoeba histolytica ou

Giardia– pénètrent dans la chaîne alimentaire par l'eau ou le sol et peuvent contaminer les produits frais.

5. Prions

Les prions, agents infectieux composés de protéines, sont uniques au sens où ils sont associés à des formes spécifiques de maladies neurodégénératives. L'encéphalopathie spongiforme bovine (ESB ou « maladie de la vache folle ») est une maladie à prions qui touche le bétail, et a pour corollaire sa variante humaine – la maladie de Creutzfeldt-Jakob (MCJ). La consommation de produits bovins contenant des parties à risque spécifié, par exemple du tissu cérébral, est le mode de transmission le plus probable du prion aux êtres humains.

B. Produits chimiques

Les plus préoccupants pour la santé sont les toxines d'origine naturelle et les polluants environnementaux. Les toxines d'origine naturelle comprennent les mycotoxines, les biotoxines marines, les glycosides cyanogéniques et les toxines présentes dans certains champignons. Les aliments de base comme le maïs ou les céréales peuvent contenir un taux élevé de mycotoxines comme l'aflatoxine et l'ochratoxine. Une exposition à long terme peut perturber le système immunitaire et le développement normal, ou provoquer un cancer[60].

Les polluants organiques persistants sont des composés qui s'accumulent dans l'environnement et le corps humain. Les exemples connus sont les dioxines et les polychlorobiphényles qui sont des sous-produits indésirables issus des processus industriels et de l'incinération des déchets. Ils sont présents dans l'environnement à l'échelle mondiale et s'accumulent dans les chaînes alimentaires animales. Les dioxines sont fortement toxiques et peuvent entraîner des problèmes en matière de

[60] Les métaux lourds comme le plomb, le cadmium et le mercure provoquent des lésions neurologiques et rénales. La contamination des aliments par les métaux lourds se produit principalement via la pollution de l'air, de l'eau et du sol.

santé reproductive ou de développement, porter atteinte au système immunitaire, altérer les hormones et provoquer un cancer.

CHAPITRE II. NORMES DE CONTROLE DES ALIMENTS

SECTION I. LES MECANISMES SUR PLAN NATIONAL

§1. Certification des produits

A. Contexte

Au fil des années, divers dispositifs d'inspection et de certification des aliments ont été mis en place dans un certain nombre de pays pour faire face à la gestion des risques d'origine alimentaire pour la santé humaine. En RDC il est admis depuis longtemps que le contrôle des denrées alimentaires est une tâche partagée entre différentes autorités et instances aux niveaux national, provincial et local, et institutions diverses.

Les denrées alimentaires ne sont pas toujours uniquement réglementées en tant que telles et obéissent parfois aussi à la législation concernant les animaux, produits d'origine animale, végétaux ou produits d'origine végétale. Ces contrôles répondent à des préoccupations de santé publique comme l'innocuité des aliments, la nutrition, la qualité ainsi que la santé des animaux et des végétaux. Un même produit est donc souvent vérifié par des autorités diverses et nombreuses qui appliquent un ensemble de dispositions différentes, voire même agissent dans une optique et pour des motifs divergents.

La régulation des importations et exportations des denrées alimentaires visent deux intérêts principaux : assurer la sécurité alimentaire par la couverture des besoins nutritionnels de la population et protéger la santé des consommateurs en veillant à ne pas autoriser l'entrée sur le territoire national des aliments qui leur causeraient des dommages tels que les maladies, etc. et ce, nonobstant les considérations économiques ou autres considérations commerciales.

Au vu des volumes croissants des importations des denrées alimentaires, la DGDA encadre l'entrée de ces denrées avec une approche de contrôles visant à accorder la priorité à la protection de la santé des consommateurs dans le respect des mesures sanitaires et phytosanitaires nationales. Ces mesures de contrôles sont essentiellement celles de gestion des risques qui s'appuie sur une inspection aléatoire ou systématique des denrées alimentaires à la frontière et sur des moyens préventifs en tenant compte de mesures sanitaires et phytosanitaires.

B. Définition et objectifs de la certification

La certification de produits est une procédure par laquelle une tierce partie donne une assurance écrite qu'un produit est conforme aux exigences spécifiques. En d'autres termes, la certification est une reconnaissance par un organisme attitré qu'un produit fabriqué conformément à des caractéristiques spécifiques préalablement fixées dans les normes qui le régissent. Elle se matérialise par l'octroi d'un certificat de conformité qui donne droit au fabricant d'utiliser la marque de conformité qu'il appose chaque fois sur le produit utilisé.

En ce qui concerne ses objectifs, la certification permet de résoudre la préoccupation de sociétés en insufflant la confiance en ce qui concerne la conformité à des exigences spécifiques. Elle permet aussi d'éviter aux industriels de mobiliser des ressources susceptibles d'engendrer des coûts de production excessifs tout en assurant le rapport Qualité/Prix.

C. Apports et avantages de la certification

Elle apporte une preuve indiscutable aux clients que le produit répond à leurs besoins et qu'il est conforme aux normes définis. Elle constitue aussi un atout majeur au service des entreprises, des consommateurs et du législateur. Elle présente donc les avantages suivants :

1. Pour le fabricant

Elle facilite la vente d'un produit puisqu'elle apporte la preuve objective que le bien proposé effectivement les caractéristiques et les performances définies dans les référentiels reconnus et rend le produit compétitif. Elle renforce la rationalisation des processus de production et le développement du système de gestion de la qualité réduisant ainsi le gaspillage. Elle permet afin de gagner la confiance des consommateurs et la clientèle.

2. Pour le consommateur

Elle présente pour le consommateur le moyen d'obtenir des garanties quant à la conformité des produits tout en constituant un guide concernant la prise des décisions rapides, appropriés dans l'achat.

3. Pour les pouvoirs publics

La certification de produits peut être exploitée pour éviter les contrôles répétitifs et d'assurer une parfaite harmonie entre pratiques commerciales et contraintes réglementaires.

D. Processus de la certification

- expression du besoin de certification de son produit par l'industriel
- information disponible auprès de l'organe de certification OCC
- demande de certification par le requérant
- examen de la demande de certification
- planification des activités et désignation de l'équipe d'auditeurs
- préparation de l'audit initial et réalisation de l'audit étapes 1 et 2
- réalisation des essais et revue des rapports initiaux
- prise de décision de certification
- octroie de la licence ou marque de conformité

§2. A l'importation des denrées alimentaires :

- Les voyageurs ou importateurs en provenance de l'étranger, se rendent au bureau de douane désigné où ils sont conduits par les services de brigade des douanes pour l'accomplissement des formalités douanières.
- A l'arrivée au bureau de douane concerné, chaque voyageur ou importateur présente à la Douane les denrées alimentaires importées. Les services de douane procèdent au contrôle documentaire et contrôle physique suivant la nature du risque que peut présenter un aliment importé (des épidémies d'origine alimentaire ou autres relevées par les alertes de sécurité sanitaire émanant des services nationaux ou internationaux compétents) :
- **Contrôle documentaire :** présentation d'un certificat d'exportation dûment signé par l'autorité compétente du pays d'exportation ou autres documents d'accompagnement valides afin de vérifier s'ils correspondent aux denrées alimentaires et de recueillir des informations sur les profils de l'importateur, des denrées importées et du pays exportateur, élément clé à l'évaluation sur les risques associés à l'aliment importé.
- **Contrôle physique :** vérification des moyens de transport et/ou des emballages de conservation des denrées alimentaires importées. En proportion du risque présenté par l'aliment importé ou des antécédents en matière de conformité, la Douane peut associer d'autres services notamment le Service de Quarantaine Animale et Végétale (SQAV) et l'Office Congolais de Contrôle (OCC) pour approfondir la vérification sur l'étiquetage, la température et au besoin, collecter un échantillon pour l'analyse labo.
- A l'issue de ce contrôle, si toutes les mesures sanitaires et phytosanitaires ont été respectées, la Douane autorise l'entrée du produit sur le territoire national par la mainlevée. Au cas contraire, la Douane est appelée à appliquer les procédures de saisie et contacter les Autorités compétentes.

§3. Autres mécanismes

1. Les bagages accompagnant les voyageurs sont soumis au contrôle de la Douane si ces derniers contiennent de viandes fraîches ou autres produits sensibles d'origine animale. Ces denrées alimentaires doivent être accompagnées d'un certificat sanitaire délivré par l'Autorité compétente du pays d'exportation.
2. Les envois de produits d'origine animale en provenance des pays tiers sont soumis à un contrôle vétérinaire.
3. Certaines denrées alimentaires sont considérées comme sensibles même présentées sous forme d'aliments secs, cuisinés ou réfrigérés notamment certains plats cuisinés, les viandes fraîches d'animaux domestiques et sauvages ou certains légumes. Elles peuvent favoriser la prolifération des maladies et présenter des risques plus élevés.
4. Les denrées alimentaires importées en tant qu'échantillons commerciaux ou destinées à des expositions ne sont pas concernées par les contrôles de mesures sanitaires et phytosanitaires. A l'appui de la demande, les conditions d'importation doivent être justifiées notamment que ces denrées ne soient pas utilisées à d'autres fins.

La législation relative à la sécurité sanitaire des aliments devrait fournir une base solide aux dispositifs nationaux de contrôle et d'inspection des aliments, lesquels devraient répondre impérativement aux critères minimums suivants:

- *Être à même de satisfaire aux normes et règles internationales et les respecter*[61].

Utiliser de manière rationnelle les ressources, conformément à une politique claire qui distingue les biens publics des biens privés. Il est absolument nécessaire de déterminer précisément les activités qui relèvent des attributions du gouvernement (financées par les deniers publics) par opposition à celles susceptibles d'être sous-traitées ou exécutées par le secteur privé. En règle générale, l'élaboration et le contrôle

[61] https://www.fao.org/3/y5871f/y5871f0m.htm

des normes et règles incombent aux pouvoirs publics tandis que certains services d'inspection et de certification peuvent être sous-traités et/ou fournis sur la base du principe «utilisateur-payeur».

- *Permettre la réalisation des objectifs nationaux en matière de sécurité sanitaire des aliments et garantir le niveau requis de protection de la santé des personnes, des animaux et des végétaux.*
- *Être à même de fournir un appui à la production, c'est-à-dire faciliter et promouvoir le commerce; assurer les approvisionnements nécessaires aux besoins du pays sans entraver ou freiner la production et le commerce.*
- *Le processus de prise de décision et l'élaboration de la politique doivent répondre impérativement aux critères internationaux, c'est-à-dire avoir une justification scientifique.*

§4. La politique nationale de l'hygiène alimentaire

La surveillance et le contrôle de l'hygiène des denrées alimentaires sont assurés par les services compétents du ministère en charge de la santé en collaboration avec les Entités territoriales décentralisées et les autres services techniques publics ou privés compétents. Toute personne appelée en raison de son emploi, à manipuler des denrées alimentaires, tant au cours de leur collecte, production, préparation, traitement, transformation, conditionnement, emballage, transport, entreposage, que pendant leur exposition, mise en vente et distribution, est astreinte à la propreté corporelle et vestimentaire sous la responsabilité de l'employeur.

Elles sont soumises à des visites médicales périodiques (examens médicaux périodiques et de reprises) assortis d'un certificat médical de bonne santé délivré par un médecin hygiéniste ou de santé publique valable pour trois mois conformément à l'arrêté du Ministre en charge de la Santé Publique[62].

[62] Art. 78 et suivants *Code de L' Hygiene de la Republique Democratique Du Congo Ministere De La Sante Publique – Avril 2015*

A. Quelques principes directeurs

L'introduction sur le marché de tout additif alimentaire doit faire l'objet d'une autorisation par voie réglementaire. La préparation, la production, l'emballage, le transport, le stockage, l'étalage et la conservation des denrées alimentaires doivent s'effectuer de manière à éviter toute contamination ou avarie. Les denrées alimentaires doivent être contrôlées à l'entrée et à la sortie du pays par les services compétents publics ou privés habilités.

Toute denrée alimentaire suspecte destinée au public doit faire l'objet d'une déclaration aux services techniques compétents en vue de son analyse ou destruction conformément à la réglementation en vigueur. Les frais d'analyse, de destruction et autres charges récurrentes, sont intégralement à la charge du propriétaire de la denrée. Les récipients, les emballages, les appareils, les installations, les locaux, les équipements et les lieux utilisés pour les denrées alimentaires doivent être maintenus en parfait état de propreté et respectant les normes d'hygiènes.

Les installations et équipements liés à la production, au transport, à la manipulation, à la conservation, et à la vente des denrées alimentaires, doivent être choisis de manière à faciliter leur entretien, leur nettoyage et leur désinfection. Les ventes ambulantes de denrées alimentaires doivent s'effectuer de manière à garantir leur innocuité/absence de danger permettre une protection efficace des denrées contre les intempéries, ainsi que les mouches et autres vecteurs de maladies.

Toute denrée alimentaire doit être munie d'une étiquette indiquant la composition, la validité (date de production et péremption), adresse du fabricant, numéro du lot de production etc. à l'exception de l'alcool titrant plus de 12 pourcent d'alcool éthanol, du sucre, du sel et les produits de maraichage. L'étiquette doit porter des écrits ayant un caractère lisible et indélébile. Les magasins d'alimentation, les abattoirs, les boucheries, les boulangeries, les restaurants et les débits de boisson doivent être propres, aérés, ventilés, suffisamment éclairés, respectant les conditions d'hygiène (gestion des eaux usées, excréta, déchets, contrôle de vecteurs, conformité de locaux et choix du site). Ils doivent être équipés de dispositifs appropriés de manière à protéger les denrées alimentaires contre les insectes, des intempéries et des pollutions de toute nature.

En ce qui concerne les aliments d'origine végétale, les déversements ou le dépôt de déchets, vidanges, ordures ménagères, excréments, matières fécales sont interdits sur tous les terrains où sont cultivés des fruits et légumes susceptibles d'être consommés crus et dont la partie comestible peut se trouver au contact de ces déchets. Les engrais organiques, fumiers et compost ne peuvent être répandus qu'un mois au moins avant la récole. Ainsi, les fruits et légumes doivent être conformes aux prescriptions en vigueur en matière de résidus de pesticides. Ils doivent en outre ne présenter ni odeur, ni goût anormaux.

Afin, les magasins[63] de vente doivent être aérés, ventilés et correctement éclairés. Ils doivent pouvoir être fermés sur la voie publique par un ou plusieurs dispositifs appropriés de manière à protéger les denrées du soleil et des pollutions de toute nature. L'utilisation des sous-sols ainsi que des pièces sans fenêtre est interdite, sauf dérogation autorisée.

B. Quelques restrictions

La manipulation des denrées alimentaires par des personnes susceptibles de les contaminer, notamment celles qui sont atteintes d'affections cutanéo-muqueuses, respiratoires ou intestinales, ou celle avec une hygiène défectueuse. - de se gratter, de toucher l'argent, ou tout autre objet pouvant contaminer les aliments pendant la manipulation des denrées alimentaires. Ainsi, tout vendeur de denrées alimentaires immédiatement consommables ou non, doit les protéger de manière adéquate et assurer la propreté des abords immédiats des lieux de vente. Il est interdit d'importer, de produire, de commercialiser ou de distribuer les denrées alimentaires: avariées,

[63] Les comptoirs de vente, étals, tables et tout matériel analogue en contact avec les denrées alimentaires sont revêtus d'un matériau imperméable et lisse, maintenu en état permanent de propreté. Il est interdit de déposer sur le sol des denrées alimentaires non emballées même pendant les opérations d'approvisionnement.

périmées, falsifiées ou contenant des substances pouvant nuire à la santé de l'homme; non vérifiées ou non certifiées par les services compétents.

Il est interdit[64] de :

- cracher, de se moucher ou de fumer dans les locaux où sont produites, stockées ou manipulées les denrées alimentaires destinées à la consommation.
- produire, de manipuler, d'étaler ou de vendre les denrées alimentaires aux abords immédiats de toute source de pollution.
- laisser l'accès des animaux même accompagnés, aux magasins d'alimentation et restaurants ou tout autre lieu de production des denrées alimentaires.
- utiliser de l'eau non potable pour la production, la préparation, la manipulation de denrées alimentaires
- utiliser dans la fabrication des denrées alimentaires, en particulier des pâtisseries, des additifs alimentaires non admis, falsifier les aliments et faire les allégations mensongères sur les produits alimentaires.

En ce qui concerne les aliments d'origine animale, l'abattage des animaux destinés à la consommation est soumis à une inspection préalable des services compétents. La vente des produits carnés est soumise à une réglementation particulière, et Contrôlée par le Service de l'Inspection vétérinaire. La vente de viande et produits dérivés en dehors des locaux de vente (boucheries, marchés, charcuteries) est interdite.

Pour ce qui est des ateliers et laboratoires de préparation et manipulations des aliments , les propriétaires ou gérants doivent prendre toutes mesures pour éviter la pénétration des mouches et autres insectes, oiseaux rongeurs et autres animaux, et faire procéder si nécessaire aux opérations de désinsectisation et de dératisation en évitant toute contamination des denrées alimentaires. Les opérations de désinsectisation et de

[64] De même, il est interdit de fumer dans tout lieu de préparation, de manipulation et consommation des aliments. Afin, le personnel doit utiliser les installations sanitaires mises à sa disposition : vestiaires en nombre suffisant, cabinet d'aisance sans communication directe avec les locaux et annexes. Des lavabos, du savon et des essuie-mains sont placés à côté des cabinets d'aisance et à Proximité des lieux de travail.

dératisation doivent être faites sous la surveillance des services compétents du ministère de la Santé Publique assorti d'un certificat.

Tous les ustensiles servant à la préparation ou au conditionnement des aliments, notamment plans de travail, couteaux, hachoirs, fourchettes et cuillères, passoires et tamis, sont soumis au respect de l'hygiène. Dans les ateliers de préparation des aliments, toute personne atteinte d'une affection contagieuse constatée par un examen clinique ou para clinique doit être écarté de la chaine alimentaire jusqu'à guérison complète, confirmée par une attestation médicale.

Malgré ces mécanismes, il convient de préciser que l'OMS fait un tableau en RDC sur base des éléments suivants :

- Une législation fragmentée, un double emploi de l'activité de régulation
- une absence de coopération, de collaboration et de ration, de collaboration et de coordination
- des capacités insuffisantes et inadaptées en matière de sécurité sanitaire des aliments sanitaire des aliments
- une insuffisance des infrastructures de base
- un manque de sensibilisation à la sécurité sanitaire des aliments

SECTION II. LES MECANISMES EN VIGUEUR AU NIVEAU INTERNATIONAL

La nécessité de disposer d'un système national efficace de contrôle des aliments trouve sa raison d'être non seulement dans des considérations de santé publique mais aussi dans les répercussions d'un tel système sur le commerce et l'économie. A cet égard, l'adhésion de la RDC à l'Organisation mondiale du commerce (OMC), la

Commission du Codex Alimentarius (CAC) et l'Organisation mondiale de la santé animale (OIE) revêtent une importance capitale[65].

L'OMC constitue le fondement institutionnel et juridique du système commercial multilatéral. Elle énonce les principales obligations contractuelles qui dictent aux gouvernements le cadre et les modalités d'application des lois et règlements concernant le commerce national. Elle fournit aux États une base pour faire évoluer leurs relations commerciales en recourant au dialogue et à la négociation, et pour régler leurs différends.

L'Accord de Marrakech, finalisé en 1994, a donné naissance à une trentaine d'accords commerciaux multilatéraux auxquels adhèrent tous les membres de l'OMC. Deux d'entre eux, à savoir l'Accord sur l'application des mesures sanitaires et phytosanitaires (Accord SPS) et l'Accord sur les obstacles techniques au commerce (Accord OTC), ont des répercussions directes sur les questions relatives à la sécurité sanitaire des aliments.

§1. Les mécanismes collectifs

La sécurité sanitaire des aliments nécessite une participation collective des différents acteurs :

A. Les responsables de l'élaboration de politiques peuvent :

- mettre en place et préserver des systèmes et des infrastructures alimentaires adaptés (des laboratoires, par exemple), afin de tenir compte des risques pour la sécurité sanitaire des aliments survenant tout au long de la chaîne alimentaire, y compris pendant les situations d'urgence, et de les gérer ;
- encourager la collaboration multisectorielle entre les secteurs chargés de la santé publique, de la santé animale, de l'agriculture et autres afin d'améliorer la communication et d'agir conjointement ;

[65] Pour procéder à des échanges fructueux dans le domaine alimentaire, un pays importateur doit acquérir la certitude que les produits qu'il importe répondent à ses exigences légitimes en lui permettant d'assurer une protection adéquate de la santé publique, maintenir des normes de qualité et empêcher les pratiques frauduleuses.

- intégrer la sécurité sanitaire des aliments dans des politiques et des programmes plus vastes (par exemple qui concernent la nutrition et la sécurité alimentaire) ;
- réfléchir à l'échelle mondiale et agir à l'échelon local pour veiller à ce que les denrées alimentaires produites à l'intérieur du pays ne présentent aucun danger lorsqu'elles sont importées par d'autres pays.

B. Les personnes qui manipulent les aliments et les consommateurs peuvent :

- connaître les denrées qu'ils utilisent (lire les étiquettes sur les emballages, choisir en connaissance de cause, se familiariser avec les risques alimentaires courants) ;
- manipuler et préparer les aliments en toute sécurité, en mettant en pratique les cinq clés de l'OMS pour des aliments plus sûrs (en anglais), soit à leur domicile, soit quand ils vendent des produits dans des restaurants, soit sur les marchés locaux ;
- cultiver des fruits et des légumes en se référant aux cinq clés de l'OMS pour cultiver des fruits et des légumes plus sûrs afin de réduire la contamination.

§2. Les recommandations de l'OMS

L'OMS vise à faciliter la prévention, la détection et l'action au plan mondial et à faire face aux menaces de santé publique liées à des aliments impropres à la consommation. L'OMS s'attache à renforcer la confiance des consommateurs dans les pouvoirs publics et la salubrité de l'approvisionnement alimentaire. Pour cela, l'OMS aide ses États Membres à renforcer leurs capacités de prévention, de détection et de gestion des risques d'origine alimentaire en :

- fournissant des évaluations scientifiques indépendantes sur les risques microbiologiques et chimiques qui constituent le fondement des normes, lignes directrices et recommandations alimentaires internationales, connues sous le nom de Codex[66] Alimentarius, afin de garantir la salubrité des aliments, quelle que soit leur provenance[67] ;

- analysant, selon des processus structurés, transparents et évaluables, la performance des systèmes de contrôle des denrées alimentaires sur l'intégralité de la chaîne alimentaire, en identifiant des domaines prioritaires pour le renforcement des capacités et en mesurant et évaluant les progrès dans le temps grâce à l'outil d'évaluation de la FAO/de l'OMS[68] des systèmes de contrôle des aliments ;
- évaluant la sécurité des nouvelles technologies utilisées dans la production alimentaire, comme la modification génétique et la nanotechnologie ;
- contribuant à l'amélioration des systèmes alimentaires et des cadres juridiques nationaux, ainsi qu'à la mise en œuvre des infrastructures adaptées pour gérer les risques au regard de la sécurité sanitaire des aliments. Le Réseau international des autorités de sécurité sanitaire des aliments (INFOSAN) a été créé par l'OMS et l'Organisation des Nations Unies pour l'alimentation et l'agriculture (FAO) dans le but de partager rapidement des informations en cas d'urgence relative à la sécurité sanitaire des aliments ;
- encourageant une manipulation saine des aliments à l'aide de programmes systématiques de prévention des maladies et de sensibilisation, et moyennant les messages et supports didactiques contenus dans les cinq clés de l'OMS pour des aliments plus sûrs ;
- recommandant de considérer la sécurité sanitaire des aliments comme une composante importante de la sécurité sanitaire en général et de l'intégrer aux politiques et aux programmes nationaux conformément au Règlement sanitaire

[66] Désigne la commission commune codex alimentaire responsable de l'exécution du programme conjoint FAO/OMS sur les normes, codes d'usages, directives et autres recommandations relatifs à la production et à la transformation agroalimentaires ; qui ont pour objet la sécurité sanitaire des aliments, la protection des consommateurs et assurant les bonnes pratiques dans le commerce international.

[67] https://www.who.int/fr/news-room/fact-sheets/detail/food-safety

[68] L'OMS collabore étroitement avec la FAO, l'Organisation mondiale de la santé animale (OIE) et avec d'autres organisations internationales pour garantir la sécurité sanitaire des aliments tout au long de la chaîne, de la production à la consommation.

international (RSI (2005).

§3. Les normes d'Organisation Internationale de Normalisation (ISO)

Les normes ISO permettent de développer, produire et fournir des produits et des services avec une efficacité accrue, dans des conditions de sécurité et d'hygiène renforcées. Elles facilitent les échanges entre les pays et les rendent plus équitables. Elles fournissent aux gouvernements les bases technologiques et scientifiques qui sous-tendent la législation en matière de santé, de sûreté et d'environnement. Elles favorisent les transferts de technologie vers les pays en développement. Les normes ISO offrent également une protection aux consommateurs et utilisateurs en général, des produits et services et simplifient leurs existences.

Les normes ISO ont un caractère volontaire. En tant qu'organisation non gouvernementale, l'ISO ne possède pas la capacité juridique de les faire appliquer. Plusieurs pays ont adopté un certain nombre de normes ISO, principalement dans les domaines de la santé, la sûreté ou l'environnement, et les ont intégrées à leur arsenal réglementaire ou y font référence dans leur législation auxquelles elles fournissent une base technologique. Ces choix relèvent de décisions souveraines de la part des autorités réglementaires ou des gouvernements des pays concernés. L'ISO en tant que telle n'a pas d'activité en matière réglementaire ou législative. Malgré leur caractère volontaire, les normes ISO peuvent parfois devenir un impératif commercial comme cela a été le cas avec la norme ISO 9000 relative aux systèmes de management de la qualité[69].

[69] Les pays en développement, notamment, qui disposent de ressources insuffisantes, devraient tirer profit de cette mine de connaissances. Les normes ISO représentent pour eux un instrument important pour acquérir un savoir-faire technologique de pointe reconnu par l'ensemble de la communauté internationale, accroître leur capacité d'exportation et être compétitifs sur le marché mondial.

CONCLUSION

Le droit à l'alimentation est reconnu dans le droit international et fait partie de droits de l'homme qui peut être réclamé à l'Etat par l'individu pouvant ainsi donner lieu à certaines prestations et obligations de l'Etat qui peuvent être exécutoires devant les tribunaux. Comme nous le savons, la sécurité sanitaire des aliments est une question de santé publique très importante et les consommateurs doivent être protégés contre les aliments et les processus de production alimentaires pouvant mettre en danger leur santé et leur vie.

La circulation croissante des personnes, des animaux vivants et des produits alimentaires entre les pays, de même que l'urbanisation rapide des pays en développement, l'évolution des méthodes de manipulation des aliments, les modifications des habitudes alimentaires et l'apparition de nouveaux agents pathogènes contribuent aux risques alimentaires. Ces risques sont plus au moins importants selon le climat, les pratiques alimentaires. Plusieurs de ces risques sont plus grands dans les pays en développement à cause du manque d'hygiène et de l'insalubrité de l'eau. Ce qui est à la base très souvent d'une contamination alimentaire et cause des maladies diarrhéiques, responsables de la mort d'environ 1,7 millions d'enfants par an.

Le débat sur la consommation des denrées alimentaires avariés dans la ville de Lubumbashi en général et en RDC généralement, ne cesse d'attirer plus d'attention, aussi bien pour les consommateurs que pour les services en charge de contrôle. Cette attention ne porte plus tant sur la sécurité sanitaire des aliments mais plutôt sur l'équilibre alimentaire, un concept beaucoup plus subtil, qui est à l'origine de toute la problématique de la commercialisation des produits alimentaires.

Ainsi, malgré la complexité croissante de l'approvisionnement des consommateurs en produits alimentaires, il ne faut pas négliger la salubrité des différents aliments. En dernière analyse, le contrôle des systèmes alimentaires de chaque pays dépend de la politique et de la législation alimentaire nationale. S'il est vrai que des mesures ont été prises au niveau international pour instituer des normes adaptées, leur mise en œuvre et le degré de contrôle varient beaucoup à l'intérieur de chaque pays et d'un pays à l'autre, tel est le cas de notre pays.

Contrairement à d'autres pays comme la France et le Maroc qui disposent d'une législation appropriée en matière alimentaire, la RDC malheureusement ne peut se contenter des certaines dispositions y relatives qui sont éparpillées dans divers instruments juridiques et règlementaires. A ce propos, l'on doit noter que pour que la législation soit complète et intégrée, elle doit couvrir toute la chaine de la production alimentaire notamment la production primaire et la transformation, ainsi que la vente et la distribution des produits alimentaires et des aliments pour animaux.

L'une des questions fondamentales de cette étude consiste à comprendre non seulement il y a une croissance de commercialisation des produits alimentaires impropres et comment faire pour remédier à ce fléau. Parlant des aliments, nombreux sont ceux qui estiment que c'est à l'opérateur qu'incombe la responsabilité juridique de la salubrité des aliments à tous les stades.

Pour mener cette recherche, nous avions interviewé 250 consommateurs dans la ville de Lubumbashi afin de savoir s'ils ont déjà été victimes des produits avariés d'un côté, et de l'autre côté nous nous sommes entretenus avec au moins 40 agents de l'OCC de services d'avaries et laboratoires. Après analyse des données, il ressort que la majorité des personnes interrogées n'ont pas été dédommagées bien qu'elles se sont plaint devant les services compétents après avoir acheté et consommés les denrées alimentaires avariées.

Lors de nos enquêtes, nous nous sommes rendus compte que presque tous les agents de l'OCC savent que la ville de Lubumbashi fait face à ce phénomène malgré les mesures prises par les services habiletés tels que la saisie et la destruction des marchandises avariées. Il parait que parmi les causes d'entrée, de détention et de circulation des aliments non conformes figurent en première ligne la négligence des agents commis au contrôle et le phénomène bilanga (contrebande). Et peut-être la corruption qui n'est pas facilement vérifiable.

Afin, il ressort des certaines études pertinentes[70] que, pour protéger les consommateurs contre l'insécurité alimentaire et contre les aliments insalubres et dangereux pour la vie et la santé, il faut :

- assurer l'accès de toutes les personnes à une eau qui soit propre et potable et à des services
- mettre au point des mesures de contrôle de la commercialisation des aliments
- promouvoir la mise au point de systèmes nationaux de contrôle alimentaire qui soient conformes aux normes internationales, dans l'intérêt des consommateurs locaux, mais aussi pour faciliter la participation au commerce
- faire en sorte que le processus d'analyse des risques soit transparent et ouvert à la participation des parties prenantes, pour rendre possible une approche
- encourager et faciliter la participation des consommateurs à l'établissement des normes
- créer des comités nationaux du Codex
- assurer que les aliments sont sans danger et que leur présentation et leur étiquetage soit lisible
- veiller à ce que les allégations de santé concernant les aliments soient clairement formulées, faciles à comprendre, véridiques
- faire en sorte que les mesures de lutte contre les maladies d'origine alimentaire soit efficace.

[70] Conférence des nations unies sur le commerce et le développement, « Manuel sur la protection du consommateur », 2017, p.171

TEXTES JURIDIQUES ET REFERENCES BIBLIOGRAPHIQUES

I. TEXTES JURIDIQUES

- Constitution du 18 février 2006 de la RDC, telle que modifiée par la loi n° 11/002 du 20 janvier 2011 portant révision de certains articles, in J.O, n° spécial 52.
- Loi organique n° 18-020 relative à la liberté des prix et à la concurrence J.O.RDC., 23 juillet 2018, n° spécial, col. 105
- Loi organique n° 18-020 du 9 juillet 2018 relative à la liberté des prix et à la concurrence.
- *Code de L' Hygiene de la Republique Democratique Du Congo Ministere De La Sante Publique – Avril 2015*
- Ordonnance du 22 octobre 1911 sur la fabrication et le commerce des alcools.
- Décret n° 09/42 du 03 décembre 2014 relatif à la transformation de l'OCC en Etablissement public à caractère scientifique et technique, *in journal officiel,* n° Spécial-Kinshasa, 2014.
- Arrêté ministériel n°1250/CAB/SP/MIN/006/CPH/OBF/2015 du 28 septembre 2015 portant dispositions relatives à l'enregistrement et à l'autorisation de mise sur le marché des compléments alimentaires
- Décret n°09/42 du 03 décembre 2009 fixant les statuts de l'OCC.

II. BIBLIOGRAPHIE

1. Ouvrages

- AUBERT DE VINCELLES C, *Les contrats de consommation*, LGDJ, 2018
- AZEMA J, *Le droit français de la concurrence*, PUF, coll. Thémis droit, 1989, n° 132.
- DREYFUS F, *La liberté du commerce et de l'industrie,* éd. Berger-Levrault, coll. l'administration nouvelle, 1973.
- KALUNGA V. et S. MORTIER, *Précis de droit OHADA des sociétés. Focus sur la République démocratique du Congo,* V.A. Editions, Versailles
- KDHIR M, *Le principe de la liberté du commerce et de l'industrie : mythe ou réalité* ?, D. 1994, Chron., p. 30
- KIJAJA KIJAJA D, *Les droits du consommateur en droit positif congolais. Contribution à la protection du consommateur en RD. Congo*, Génération OHADA, Lubumbashi, 2021
- MESTRE J., *Droit commercial,* 20ème éd., Paris, LGDJ, 1991
- NKULU MWINE FYAMA et A. Parfait NGULUNGU NTALABULU, *Sécurité alimentaire et systèmes d'alerte précoce en RDC. Stratégies pour une meilleure prévention des crises alimentaires,* MÉDIASPAUL – Kinshasa, 2018
- PICOD Y., *Droit de la consommation,* 3ème édition, Dalloz, Paris, 2015.
- QUINTIN Y., *Les fusions-acquisitions aux USA*, Bruylant, Bruxelles, 2005
- SERRA Y, *La non concurrence en matière commerciale, sociale et civile (Droit interne et communautaire*, Dalloz, coll. Affaires, 1991
- TERRE FR, *Introduction générale au droit*, Précis, Dalloz, 4e éd, 1998.
- Yves Picod, *Protection des consommateurs, Dictionnaire de droit de la concurrence, Concurrences,* Dalloz, Paris, 2022,

2. Articles

- ANTONIUS R., « Ce que doit inclure un projet de Mémoire ou de Thèse », *in* Classiques des Sciences sociales, Montréal, 2008
- BASSIROU B., « Qualité et risques des denrées alimentaires », CSRS 09 - 06 – 2015, Consulté en ligne sur http://www.csrs.ch/detail_articles.php?idArt=22 , le 12/03/2019.
- BAZEX M., « Problématique générale de l'intervention des opérateurs publics dans une économie de concurrence, intervention lors du colloque Secteur public et concurrence », Actes publiés in Petites Affiches 1988, n°sp, 100
- Consumers International (CI), « Protection des consommateurs : son importance pour vous », Londres, 2016. Consulté en ligne sur www.consumersinternational.org, 2016
- KALALA Gaston N, « impact des denrées alimentaires importées sur le marché local (cas de la ville de Lubumbashi) », consulté en ligne sur www.google.com
- LAPERRIERE A., « L'observation directe » *in recherche en science sociale, de la problématique à la collecte des données,* P.U.Q, Québec, 1987
- LOSCHAK D, « Les problèmes juridiques posés par la concurrence des services publics et des activités privées », AJDA 1971
- PINDI, « L'information et l'assistance juridique au consommateur : constat et positions de lege ferenda » , in Revue de travail n° 5, 1990
- POUPART J., « L'entretien de type qualitatif : considérations épistémologiques, théoriques et méthodologiques », *in La recherche qualitative. Enjeux épistémologiques et méthodologiques,* éd. Gaëtan Morin, Montréal, 1997
- SAVY R, « Le contrôle juridictionnel de la légalité des décisions économiques de l'administration », AJDA 1972

3. Rapports et autres documents

- BANZA ILUNGA A., « Manuel des contrats d'adhésion et protection des consommateurs » Lubumbashi, Août 2023
- Conférence des nations unies sur le commerce et le développement, Note du secrétariat TD/B/C. I/CPLP/12 : Sécurité des produits de consommation du 30 Avril 2011
- Conférence des nations unies sur le commerce et le développement, « Manuel sur la protection du consommateur », 2017
- IPC, « République Démocratique du Congo (Rdc) : Aperçu de la sécurité alimentaire et de la nutrition » juillet 2022 – juin 2023
- KALAMBAY LUMPUNGU G., « Cours de Droits Agricole et Forestier, Cours polycopié », G3 Droit, U.K, Mbanza Ngungu 2013-2014, Inédit
- OCHA (2017). « Le coût de la faim en Afrique. L'incidence sociale et économique de la malnutrition en RDC », OCHA-WFP
- Statistique Canada, Analyse et présentation des données, Consulté sur https://www150.statcan.gc.ca/n1/pub/12-539-x/2009001/analysis-analyse-fra.htm, le 20/02/2019.
- VREDESEILANDEN- SOS-FAIM, « La sécurité alimentaire en RD Congo. Contribution des ONGs partenaires à la Table-ronde de Kinshasa » du 19 au 20 mars 2004

4. Thèses et Mémoires

- Marie RIGAL, « La protection du consommateur par le droit de la concurrence », Master 2 Consommation et Concurrence, UMPI, Année universitaire 2010-2011
- NGOY NDJIBU L., «Incidence du caractère triadique du système des prix sur le caractère endémique de la pratique des prix illicites (étude menée à la Division Provinciale d'Economie Nationale du Katanga), Mémoire de DEA, Faculté de Droit, UNILU, 2012-2013

- NKWEBE WASSIS, « La protection du consommateur contre les pratiques concurrentielles, abusives en droit : cas des falsifications des produits », mémoire de Licence en Droit, UNIKIN, 1987.

5. Webographie

- http://www.afsca.be/professionnels/denreesalimentaires/ , consulté le 11/03/2019
- https://www.cairn.info/le-systeme-alimentaire-mondial--9782759206100-page-407.htm?contenu=resume, consulté le 8/03/2019.
- https://revuedlf.com/theses/la-protection-des-consommateurs-et-les-droits-fondamentaux-dans-lunion-europeenne/
- https://www.who.int/fr/news-room/fact-sheets/detail/food-safety

www.ingramcontent.com/pod-product-compliance
Lightning Source LLC
LaVergne TN
LVHW022305200926
848481LV00004B/1221